떨어져야 꽃이다

떨어져야 꽃이다

내 일을 행복하게 해주는 이야기

글 김병규 · 그림 황중환

예담

우리의 현재가 어떻더라도,
그 인생을 진실로 사랑하는 법을
동화가 일깨워줄 것입니다.

나무에서 떨어진 꽃이 아름다운 이유

나무는 여러 차례나 우리를 데워 준다고 합니다.

첫 번째는 나무를 심을 때입니다.

우리는 조심스레 삽질을 하며, 봄 햇살 같은 온기를 받습니다. 그래서 이마에 맺힌 땀을 훔치게 됩니다.

두 번째는 나무를 기를 때입니다.

우리는 물을 길러 나르며, 잡초를 뽑아 주고 가지도 치면서, 뙤약볕 같은 열기를 받습니다. 그래서 등줄기를 땀의 개울로 만듭니다.

그 다음은 나무의 열매를 딸 때입니다.

이 날엔 가을 볕 같이 따슨 알맞은 체온을 갖게 됩니다. 온 몸을 녹녹히 적시는 최적의 상태를 느낍니다. 하지만 우리는 얼마간의 탐욕으로 신열이 보태져, 식은땀을 흘릴 수도 있습니다.

또, 나무를 벨 때 나무는 우리 몸을 데워 줍니다.

미안한 마음에서, 우리는 진땀을 흘리기도 합니다.

마지막 다섯 번째로 그 나무로 불을 땔 때입니다.

이제 생각해 보면, 나무가 너무 고맙습니다. 그래서 우리는 땀을 안 흘릴 정도로 아껴가면서 나무를 때는 것입니다.

나무는 이렇게 몸만 데우는 게 아닙니다. 나무에 핀 꽃은 우리의 마음을 데워 줍니다. 데워진 몸에 다시 마음 그릇을 넣어 중탕이 이뤄지게 합니다. 갓 피어난 꽃은 향기라는 땀이 날 만큼 마음을 데웁니다. 활짝 핀 꽃은 나무를 찜질방으로 만들어, 열정이라는 땀을 쭉 빼게 합니다.

또 있습니다. 바로 떨어진 꽃입니다.

떨어진 꽃은 추억이 아닙니다. 떨어진 꽃, 장작보다 더 센 불기운으로, '그래, 이렇게 사는 거야.' 하는 깨우침이라는 땀을 넉넉히 흘릴 정도로 우리의 마음을 데워 줍니다.

그래서 떨어진 꽃이 아름답습니다.

김병규

차례

HWAN

억이

네 가슴에 다가오는 안내자의 말에
귀기울이고 따르라.
너를 이끌어주는 안내자의 말은
기도와 꿈,
혼자 있는 고요한 시간,
현자들과 친구들의 말이나 행위와 같은
여러 가지 모습으로
네 가슴을 울릴 것이니.

– 아메리카 인디언의 격언

선생님의 배려인 줄도 모르고…….
저는 그때 어린 마음에 시험도 별것 아니구나 하고 생각했어요.
그게 자신감이 되었지요.

억이

장 교수는 줄곧 30년이란 세월을 가늠해 보았습니다.

서울발 대구행 기찻간에서도 그랬고, 다시 대구에서 시외 버스를 타고 오는 동안에도 그랬습니다. 시간으로 셈하면 어느 정도며, 그 길이 또는 폭을 재거나, 무게로 달면 얼마나 될까요? 노무지 감이 잡히지 않았습니다.

지금 장 교수는 동창회에 가는 길입니다. 정확하게 말하면, 자신의 동창회가 아니라 제자들의 동창회에 초대받은 것이지요.

장 교수는 20대 초반에, 대구와 안동의 중간쯤 있는 '군위'라는 소읍에서 초등학교 교사로 근무했습니다. 이 학교 출신들은 졸업한 지 30년 되는 해 광복절에 동창회를 여는 전통을 살려가고 있었습니다. 그 자리에 6학년 때의 담임들을 초청하는 요즘 보기 드문 미덕까지 갖추었습니다.

장 교수, 아니 당시 장 교사는 딱 한 번 6학년을 맡았는데, 올해가 그 동기들의 차례였습니다. 어떻게 수소문했는지 사흘 전에 용케 연락이 닿았고, 마침 방학이라 장 교수는 "아, 군위! 한번 가 보고 싶었는데, 잘 됐어."라며 선뜻 반겼습니다.

막상 군위 정류소에서 버스를 내리고 보니, 좀 서먹했습니다.

공부에 뜻을 두고 서울에 올라오면서 이곳을 떠난 이래 처음 찾아온 것입니다.

5일장이 서는 시장 들머리에서 오른쪽으로 꺾자, 낯설어진 학교가 나왔습니다. 교문 기둥에 붙은 명판이 '국민학교'에서 '초등학교'로 바뀐 것이 그동안의 변화를 상징하고 있었습니다. 버즘나무랑 소나무가 제법 고목 티가 나는 것이 눈에 띄었습니다.

운동장에 가득한 8월의 햇볕만은 예나 지금이나 다름없이 뜨거웠습니다. 그 운동장을 천천히 가로질러서, 장 교수는 교장실로 갔습니다.

"아니, 장 교수는 은사로 온 게 아니라 동창회에 온 것 같네."

이렇게 장 교수를 반긴 사람은 호랑이 선생이었습니다. 그는 교장으로 있다가 이태 전에 정년 퇴임을 했댔습니다. 이 날 초대받은 은사는 모두 여섯이었습니다.

조금 뒤 동창회 회장이 와서 인사를 하고, 은사들을 행사장인 강당으로 모셔갔습니다.

강당에 들어서는 순간에 제자들이 "와와!" 하는 환성을 질렀습니다. 그 울림 탓인지 장 교수는 가슴이 설렜습니다.

의례적인 식이 끝난 뒤 옛 학급별로 모둠을 지었습니다. 그러자 서로 안부를 묻고 술잔도 주고받는 자유스런 분위기가 이뤄졌습니다.

자신들이 초등학교에 다닐 적보다 더 큰 자녀를 둔 중년의 제자들과 마주 앉은 장 교수는, 그제야 지난 세월이 얼추 짐작되었습니다. 모두들 달라진 것 같지만, 살펴보면 옛 모습을 어딘가에 숨기고 있는 게 신기했습니다.

"선생님, 저 아시겠어요?"

장 교수에게 불쑥 술잔을 내밀며 묻는 제자가 있었습니다.

"너, 종익이잖아!"

"선생님, 이것 때문에 알아보셨지요?"

종익이는 제 왼쪽 옆머리에 난 은행잎만 한 흉터를 왼손으로 가리켰습니다. 지독한 장난꾸러기였던 종익이는 벌도 많이 섰고, 매도 적잖게 맞았습니다.

"그래, 요즘 무슨 일을 하나?"

"여기서 꽤 이름난 음식점을 해요. 제 집사람의 음식 솜씨가 좋거든요. 사모님과 함께 오시면 한턱 내지요."

"자네, 장가를 잘 간 모양이구나."

이렇게 이야기꽃을 피우고 있을 때였습니다.

옆의 학급에서 한 제자가 장 교수를 향해 웃으며 다가왔습니다.

"선생님, 저 억입니다."

장 교수는 자신도 모르게 벌떡 일어서며 그 제자의 손을 덥석 잡았습니다.

"뭐, 억이라고? 억이가 왜 이렇게 작으냐?"

억이라는 이름을 듣는 순간, 거인처럼 큰 아이가 또래 두서넛을 양팔에 매달고 놀아주던 모습이 장 교수의 머릿속에 환상처럼 떠올랐던 것입니다.

장 교수는 처음 교단에 섰던 해에 3학년 담임을 했습니다. 새 학기가 시작된 지 두 달쯤 지났을 무렵이었습니다. 옆 교실에서 옥신각신하는 소리가 들려 가보니, 그 학급의 여교사와 교감이 실랑이하고 있었습니다.

그 곁에 한 아이가 엉거주춤 서 있는데, 입가에 수염이 가뭇했습니다.

"한글도 모르고, 덧셈 뺄셈도 못해요. 1학년 수준도 안 되는데, 어떻게 3학년에 받아요."

여교사의 항의에 교감은 난감한 표정으로 웅얼거렸습니다.

"그래도…… 6학년에 다닐 나인데, 어떻게 1학년에 넣나?"

어머니와 단둘이 사는 아이라 했습니다. 자세히 알 수는 없으나 여태 학교에 다닐 형편이 못 되었던 사정이 있었을 테고요.

나중에 들은 이야기지만, 어머니가 이 고장 토호의 집에 식모로 왔는데, 주인에게 이렇게 통사정했다는 것이었습니다.

"우리 억이를 학교에만 다니게 해주시면 제가 배로 일하겠습니다. 또 억이도 학교 마치고 와서 집안일을 거들도록 하겠습니다."

그 사정을 들은 장 교사가 젊은 혈기에 엉뚱한 제안을 했습니다.

"제가 다시 볼까요? 시험에 통과하면 우리 학급에 넣게요."

그렇게 해서 결국 장 교수는 억이를 자기 반으로 데리고 왔습니다.

"선생님, 그때 제게 내신 문제를 지금도 기억하고 있어요."

억이가 눈물을 글썽이며 말했습니다.

"그래? 어떤 문제였지?"

"북어를 사려면, 싸전 · 어물전 · 건어물전 · 채소전 중에 어디에 가면 되는가?"

"다른 문제는?"

"지게를 지고 갈 때 오르막이 더 힘드나, 내리막이 더 힘드나? 참비름 · 쇠비름 · 개비름 가운데 못 먹는 것은? 호적초본을 떼려면 어디에 가면 되는가?……뭐, 이런 문제들이었지요. 책에는 안 나오지만 제가 다 해본 일이었어요."

"구술 시험이었지만, 넌 100점 맞았어. 그래서 넌 우리 학급에 당당히 합격했지."

HWAN

"선생님의 배려인 줄도 모르고……. 저는 그때 어린 마음에 시험도 별것 아니구나 하고 생각했어요. 그게 자신감이 되었지요."

그러고 보니 장 교수도 떠오르는 게 있었습니다. 물론 억이는 모르는 일이었지요.

나중에 그간의 사정을 들은 교장 선생님이 2학년에 넣자고 중재안을 내놓았던 것입니다.

그때 그는 1학기 안에 한글을 깨치게 하겠다고 약속하고, 억이를 3학년 학급에 데려올 수 있었습니다. 날마다 방과후에 교실에 남겨놓고 1학년 국어책을 가르쳐서 그 약속을 지켰습니다.

억이는 동생 같은 동급생들을 잘 돌보았습니다. 힘든 일은 도맡아 하고, 선생님이 자리를 비우면 아이들이 떠들지 못하게 타이르기도 했습니다. 물론 제 공부에도 열심이었지요.

6학년 때는 호랑이 선생님 반이었는데, 성적이 뛰어나지는 않았지만 모든 아이들이 좋아해서 학생회장에 뽑힐 정도였습니다.

"선생님, 저 본디 보통 키밖에 안 되요. 6학년 나이에 3학년에 다녔으니까 커 보였을 뿐이지요."

"그랬겠군. 김용억, 지금은 뭐 하나?"

장 교수는 억이의 등을 툭 치며 물었습니다.

“경산시청의 계장입니다. 민원 업무를 맡고 있어요.”

그 말을 듣는 순간 장 교수는 자신도 모르는 사이에 눈물이 핑 돌았습니다.

정말 훌륭하게 커준 제자가 너무 고마웠던 것입니다.

무슨 생각을 했는지 억이도 손등으로 눈물을 쓱 훔치고 있었습니다.

양말 다섯 켤레

우리는
누구라도
고마운 사람을
만나게 되면,
금방
그가 누구인지를 떠올리게 된다.
그러나 우리는
너무나 자주,
그 고마운 마음을 잊어버린 채
수많은 사람들을
만난다

– 요한 볼프강 폰 괴테(독일의 문학가)

해거름이 되어서야 집에 돌아온 셋째형은
눅눅하게 젖은 양말을 태연하게 신고 있었습니다.

양말 다섯 켤레

"나는 발가락만 봐도 우리 가족인지 아닌지를 알 수 있어."

맏누이의 말에 모두 고개를 끄덕였습니다. 그리고 저마다 발가락을 확인하려는 듯 발을 앞으로 내밀었습니다. 그 발들은 한결같이 몽땅하고 볼이 넓어 밉상이었습니다. 양말 속에서 꼼지락거리는 발가락들 가운데 엄지발가락이 별나게 굵은 것을 알 수 있었고요.

위로 네 형제는 한결같이 회색 양말을 신었는데, 유독 막내의 양말만 빨강 초록 무늬가 새겨진 하늘색이었습니다. 맏누이는 막내의 양말을 가리키며 말했습니다.

"그렇다니까. 넌 어릴 적부터 그랬어."

모두들 웃음을 머금은 얼굴로 막내를 바라보았고, 막내는 겸연쩍은 얼굴빛을 했습니다.

"제가 뭘 어쨌는데요?"

"다른 동생들은 새것이나 두꺼운 양말을 고르는데, 막내는 늘 고운 양말을 찾았지."

그날은 어머니의 첫 제삿날이었습니다. 제사를 지낸 뒤, 이제 집안의 가장 어른인 맏누이와 그 아래 다섯 남동생이 한 자리에 모여 지난 일들을 돌이키며 이런저런 이야기를 나누고 있었습니다. 모두 오륙십 줄에 들어섰거나 그 문턱에 와 있는 나이였습니다.

"우리 어머닌 발이 깨끗하면 온몸이 깨끗하다고 하셨어."

다 아는 이야기지만 맏누이의 말이 새삼스레 들렸습니다.

그들이 어렸을 적엔 언제나 발을 깨끗이 씻어야만 저녁상 앞에 앉을 수 있었습니다.

여름에야 우물에서 두레박으로 물을 길어 발등에 부으며 두 발을 맞문질러 대충 씻으면 그만이었습니다. 그렇지만 겨울에는 매일 발을 씻는 게 쉽지 않았습니다. 따뜻한 물이 필요했으니까요.

다섯 형제가 발을 씻도록 가마솥에 물을 데우는 일은 맏누이의 몫이었습니다. 한참 손위였던 맏누이는 동생들이 학교에서 돌아오거나 놀러 갔다가 오면, 그 물을 대야에 떠다 발 밑에 대령해주었습니다. 아직 어린 막내만은 맏누이가 더러 손수 발을 씻어주기도 했었습니다.

그러니 누구 발이 길쭉하고 누구 발은 몽땅한지, 또 발가락의 생김새까지 훤히 알았던 것입니다.

그 시절, 아침마다 잠자리에서 일어나면, 머리맡에는 다섯 켤레의 양말이 담긴 대바구니가 놓여 있었습니다. 깨끗이 빨아 공처럼 둥글게 말아놓은 양말인데, 새것과 낡은 것이 섞여 있었습니다. 누구든지 일찍 일어나는 사람이 먼저 마음대로 골라 신었습니다.

한방에서 잠을 잤던 다섯 형제들은 마음에 드는 양말을 차지하기 위해 서로 일찍 일어나려고 했습니다.

막내가 초등학교 4학년 때였습니다. 형들은 이태 터울로 초등학교 6학년, 중학교 1학년과 3학년, 그리고 고등학교 2학년이었습니다. 맏누이는 초등학교만 졸업하고 집안일을 돕고 있었습니다.

초겨울 어느 날이었습니다. 막내가 오줌이 마려워 밤중에 일어났습니다. 창호지 문을 흠뻑 적시며 스며든 달빛으로 방 안이 훤했습니다. 머리맡에 있는 바구니에 양말들이 가지런히 놓여 있었습니다. 양말 위에도 달빛이 살포시 내려앉았습니다. 막내는 이처럼 다섯 켤레의 양말이 고스란히 들어 있는 바구니를 처음 보았습니다. 마치 거위 알을 모아둔 둥지 같았습니다.

이 양말 저 양말을 들었다 놓았다 해보던 막내의 입가에 배시시 웃음이 번졌습니다. 만날 바구니에 달랑 남아 있는 양말을 차지할 수밖에 없었던 막내로서는 이보다 더 좋은 기회가 없었습니다.

'마침 내일 학교에서 용의 검사가 있지.'

막내는 노란 꽃무늬가 있는 예쁜 새 양말을 집어들었습니다. 여럿 가운데 하나를 고르는 게 이렇게 좋은 줄은 여태 몰랐습니다. 양말을 제 책가방 속에 숨겨두었습니다.

그러고는 마루로 나가 요강에 오줌을 누면서 소리를 죽이려고 질금질금했습니다.

아침에 형들이 일어나는 소리에 막내도 덩달아 잠이 깼습니다.

형들 속에 섞여 얼떨결에 양말 한 켤레를 집어들었습니다. 조금 뒤 누가 이렇게 투덜거렸습니다.

"어, 내 양말은?"

셋째형의 목소리였습니다. 그 순간 막내는 가슴이 뜨끔했습니다. 그제야 지난밤의 일이 떠올랐습니다. 자기가 양말 두 켤레를 차지했으니 모자랄 수밖에 없었지요.

하지만 선뜻 내놓을 용기가 나지 않았습니다. 형들로부터 한 마디씩 핀잔을 듣는 게 여간 고역이 아니었거든요.

다섯 형제가 등교 준비로 분주한 터라 집안 분위기는 마치 시장 같았습니다. 이런 북새통에는 남의 일에 신경 쓰지 않는 게 서로 돕는 것이었습니다. 그날따라 어머니와 맏누이는, 아침상만 차려주고는 마을 잔칫집에 가고 없었습니다.

셋째형은 맨발로 학교에 갔습니다. 생각이 깊은 셋째형이라 아침부터 온 집안을 들쑤셔놓지 않으려고 한 모양이었습니다.

소거울 아침이라 제법 쌀쌀했습니다. 막내는 양말을 신었지만 맨발인 양 발이 시렸습니다. 양말 한 켤레가 더 든 책가방이 그렇게 무거울 수가 없었습니다. 학교에서도 내내 마음이 편치 않았습니다. 수업 중에도 셋째형의 맨발이 눈에 자꾸 얼씬거렸습니다.

막내는 교실 밖에 내놓은 국화 화분에 그늘이 진 것을 보다가 무심코 말했습니다.

"선생님, 국화꽃이 발 시리겠어요."

친구들은 깔깔 웃었지만, 선생님은 일부러 다가와서 머리를 쓰다듬어주었습니다.

"그럼, 네가 따뜻하게 해줘라."

혼자 들기에 버거운 화분이었지만 막내는 낑낑거리며 양지 쪽으로 옮겨놓았습니다.

그날은 마침 오전 수업만 하는 날이었습니다. 수업을 마친 막내는 셋째형이 다니는 중학교로 발길을 옮겼습니다. 동쪽으로 난 길을 따라 교회를 지나고, 황토 언덕에 오르면 중학교가 있었습니다.

왠지 어깨가 움츠러들어 쭈뼛쭈뼛 교문에 들어섰습니다.

아직 점심 시간이라 운동장에는 까만 교복을 입은 중학생들이 가득했습니다. 두리번두리번 살피다가 운동장 모퉁이의 철봉대 아래에 있는 셋째형을 찾아냈습니다. 달랑한 바짓가랑이 아래로 드러난 맨살의 발목이 얼굴보다 먼저 보였습니다.

"형!"

이렇게 불러보니, 눈물이 핑 돌았습니다.

다행히 셋째형도 막내를 보고 손을 흔들었습니다. 하지만 막내는 셋째형이 보내는 손짓의 의미가 무엇인지를 알 수가 없었습니다. 왜 왔느냐고 묻는 건지, 양말 내놓으라고 윽박지르는 건지를…….

막내는 다짜고짜 운동장을 가로질러 그쪽으로 내달렸습니다.

"어!"

그만 막내가 폭 꼬꾸라졌습니다. 책가방은 두어 발짝 앞에 팽개쳐졌습니다. 옴팍 패어 물이 괸 웅덩이에 한 발이 빠지는 바람에 균형을 잃었던 것입니다. 오른발의 고무신은 물론이고 양말까지 다 젖었습니다. 땅을 짚은 손바닥엔 모래알이 박혔고요.

달려온 셋째형이 손을 잡아 일으켰습니다.

"안 다쳤니?"

"……."

울먹울먹하던 막내는 그만 울음을 터뜨렸습니다.

"울지 마. 씻으면 되는데 뭐."

셋째형은 막내를 달래며 수돗가로 데리고 갔습니다. 거기엔 여러 명의 학생이 한꺼번에 물을 마실 수 있도록 수도꼭지를 여러 개 달아놓은 급수 시설이 있었습니다. 그 수도꼭지를 틀자 찬물이 쏴 쏟아졌습니다.

셋째형은 막내의 젖은 양말을 벗기고 발을 뽀득뽀득 씻어주었습니다. 막내는 차가웠지만 아무 말도 하지 않고 그냥 꾹 참았습니다. 멀쩡한 왼발까지 양말을 벗기고 씻겼습니다. 씻는 손과 씻기는 발이 똑같이 발갛게 되었습니다.

호주머니를 뒤져도 손수건이 안 나오자, 셋째형은 제 교복 소매로 막내의 발에 묻은 물기를 쓱쓱 닦았습니다. 그러더니 고무신을 헹궈서 물기를 뿌린 뒤 발 아래에 놓아주었습니다.

"양말은 내가 이따가 빨아서 가져갈 테니, 넌 그냥 가."

막내는 그제야 손등으로 눈물을 훔치며 고개를 끄덕였습니다. 막내가 저만치 가서 책가방을 주워 드는데, 셋째형이 불렀습니다.

"너, 여긴 왜 왔지?"

그 말에 막내는 깜빡 잊었던 양말이 생각났습니다. 책가방 속에서 노란 꽃무늬 양말을 꺼냈습니다.

"이거 형 주려고. 자……."

그 양말을 받아든 셋째형은 막내의 얼굴을 빤히 보더니 씩 웃었습니다.

"어쩐지 했지……. 하여튼 잘 됐다. 이 양말은 네가 신고 가라."

셋째형은 막내 앞에 쪼그리고 앉았습니다. 막내가 한 손으로 셋째형의 어깨를 짚고 서서 오른발을 들자, 셋째형은 그 발에 새 양말을 신겼습니다. 이번에는 발을 바꾸어 왼발을 들자, 그 발에도 마저 양말을 신겨주었습니다. 양말이 커서 발에 쉬 쑥 끼워졌습니다. 형들의 발에 맞췄던 탓에 막내에게는 헐렁했으니까요.

발에 안 맞는 헐렁한 양말이 그렇게 따뜻하다고 느끼기는 처음이었습니다.

"형, 참 따뜻해."

그제야 막내의 입가에 웃음이 번졌습니다.

"그래? 좋겠다."

셋째형은 막내의 등을 툭 치더니, 교실 쪽으로 달려갔습니다.

언제 시작종이 울렸는지 운동장에는 다른 학생들은 아무도 없

HWAN

었습니다.

빈 운동장을 가로질러 가며, 막내는 자꾸 멈춰 서서 양말을 내려다보았습니다.

해거름에야 집에 돌아온 셋째형은 눅눅히 젖은 양말을 태연히 신고 있었습니다. 그 일로 맏누이한테 꾸중을 들었지만, 아무 말 없이 싱글싱글 웃기만 했습니다.

그날 이래로 막내는 유독 꽃무늬 양말을 신겠다고 고집을 부렸습니다.

지난 일을 추억하던 막내가 셋째형을 힐끗 보았습니다.

아버지와 어머니의 장례 때는 물론이고, 집안의 온갖 궂은 일을 도맡아 하는 셋째형이었습니다. 형제들 가운데 가장 허름한 옷차림이었지만 얼굴은 다른 어느 형제보다 밝았습니다.

막내가 셋째형의 발을 만져보며 물었습니다.

"어, 양말이 뭐 이래요? 이렇게 얇은데 발 안 시려? 형님, 내가 양말 한 상자쯤 사드릴까요?"

"아서라!"

셋째형은 손사래를 쳤습니다. 그러다가 문득 그 옛날의 일이 떠올랐는지 막내를 건너다보며 빙그레 웃었습니다.

"좋은 양말 신는다고 발이 다 행복한가? 무슨 양말을 신었든, 그 발로 지금 무얼 하러 가는가가 중요하지. 손도 좋은 장갑 낀다고 꼭 좋은 일을 하는 건 아니잖아."

"그래, 자네 발이 가장 예쁘다. 형제 일이라면 맨 먼저 나서는 발이니까."

잠자코 듣고 있던 맏누이가 이렇게 말하며, 셋째형의 발을 꼭 잡아주었습니다.

백만 원짜리 식사

마음 깊은 곳에서 우러나오는 참된 우정만큼
영혼에 큰 기쁨을 주는 것은 없다.
아무 걱정 없이 비밀을 모두 털어놓아도 되는 사람이
있다는 것은 얼마나 큰 행운인가.
그러한 사람이 당신을 아는 것은,
당신이 당신 자신을 아는 것보다 덜 두렵다.
그 사람의 생각이 당신의 결정을 도와준다.
그 사람의 쾌활함이 당신의 슬픔을 사라지게 한다.
당신은 그러한 사람을 보기만 해도 기쁠 것이다.

– 세네카(고대 로마의 극작가. 〈고요한 영혼 7〉 중)

순간, 채송화의 눈이 휘둥그레졌습니다.
은행을 나서는 손님이 얼마 팔리지도 않은
자기 동화집을 들고 있었으니까요.

백만 원짜리 식사

채송화가 첫 동화집을 펴냈습니다.

동화를 쓰는 꽃이 다 있느냐고 묻고 싶죠? 그런 게 아니고, 사실은 동화작가의 별명이 채송화랍니다.

그의 동화책을 소개하는 짤막한 기사가 어느 신문에 났습니다. 신문이란 참 이상해서, 아무도 볼 것 같지 않은 모퉁이에 실린 우표딱지만 한 기사도 꼭 읽는 사람이 있거든요. 그 기사를 본 눈 밝은 한 친구가 전화를 걸어왔습니다.

"어이, 채송화! 드디어 책을 냈더군."

"어떻게 알았어? 책도 아직 못 보냈는데……."

"책이야 사서 봐야지. 축하하는 뜻에서 내가 한턱 쏘겠네. 퇴근 무렵에 만나세."

"그래? 자네가 산다면 비싼 걸 먹고 싶군."

"좋아. 비싼 요리 얼마든지 사줄 테니까 이따가 생각해서 와."

고향 친구인 그는 은행원이었습니다. 그는 경우가 밝고 인정도 두터운 벗인데, 단 한 가지 흠이라면 돈 계산에 약삭빠르다는 것이었습니다. 아마도 직업 탓이겠지요.

여럿이 식사를 한 뒤에 2만 원씩 내자고 하면, "1만 5천 원이면 넉넉해."라며 꼭 거스름돈을 챙깁니다. 자기가 내겠다고 계산대까지 갔다가 액수가 많다 싶으면, 카드를 안 가져왔다며 꽁무니를 빼기도 했고요.

한 달쯤 전에는 그 친구가 "아차, 카드!" 하는 바람에, 멋모르고 어깨 너머로 보던 채송화가 덤터기를 쓴 적도 있었습니다.

평소에 그 친구의 그런 모습을 마뜩찮게 여겼던 채송화였습니다. 그래서 그가 한턱을 내겠다고 하자 장난기가 동해서 생떼 쓰듯 비싼 것을 들먹였던 것입니다.

채송화는 긴가민가하면서도 대뜸 "좋아." 하던 그 목소리가 시원해서 은근히 기대를 걸었습니다. 그래서 직장 동료들에게 물어보았습니다. 요즘 고급 음식점에 가면, 보통 얼마 짜리 음식이 있는지를…….

가본 적이 있는 사람은 없고 들은 이야기를 하는데, 두 사람의 음식값으로 5만 원에서부터 몇 십만 원까지가 나왔습니다. 무슨 음식을 어떻게 먹는지 모르겠지만 정말 그런 요릿집이 있다고 했습니다.

퇴근길에 친구를 만난 채송화는 농담처럼 말했습니다.

"자네가 큰마음 먹고 왔을 테니, 비싼 데로 가는 게 어때? 한 끼에 50만 원 하는 데가 있다던데……."

"좋다니까. 가세."

친구는 선뜻 앞장섰습니다. 그를 따라가며, 채송화는 거나하게 먹을 생각에 침을 꼴깍 삼켰습니다. 저렇게 큰소리치는 걸 보면 빈말은 아닐 것 같았으니까요.

하지만 친구가 채송화를 데리고 간 곳은 어처구니없게도 거리의 포장마차였습니다. 거기서 두 사람은 이런저런 이야기를 하며, 소주를 마셨습니다.

"네 동화를 읽어보니, 별명 값은 하는 것 같아 기분이 좋더라."

"너 숫자나 읽지, 글도 읽을 줄 아니?"

"숫자에 지친 눈의 피로를 풀어주는 네 동화가 좋았다니까. 신문을 보자마자 서점에 달려가서 샀지. 아마도 내가 돈 내고 네 책을 산 첫 독자일지 몰라. 우습게 보지 말라고."

친구는 가방 속에서 책을 꺼내 겉장을 펼쳐서 내밀었습니다.

"사인이나 해줘. 아들 녀석한테 자랑하게."

채송화는 쑥스러워하면서도 안주머니에서 만년필을 꺼냈습니다. '고마운 첫 독자에게'라는 말 아래에 이름을 쓴 다음, 그 옆에 채송화 한 송이를 그렸습니다.

채송화는 조금 취했고, 친구는 말짱한 채 일어섰습니다. 그때까지 먹은 소주와 꼼장어 안주와 국수 값을 모두 합해서 기껏 3만 원인데, 친구가 계산했습니다.

'아이고, 사인한 잉크 값도 안 되겠다.'

이렇게 한마디 하고 싶었지만 채송화는 참았습니다.

채송화는 친구와 헤어져 버스를 타고 가며 혼잣말로 빈정거렸습니다.

"허허. 그러면 그렇지! 쩨쩨한 짠돌이가 별수 있겠어."

일부러 찾아와 축하해주는 친구가 고맙다 싶으면서도, 기껏 소주 몇 잔으로 생색이나 내는 데는 은근히 부아가 나기도 했던 것입니다.

"오냐, 그래. 내 동화는 소주다, 소주! 서민들이 빈속에 마시는 소주란 말이다."

채송화가 이렇게 중얼거리자, 옆자리의 젊은이가 힐끔 보았습니다.

동화작가 채송화는 자신이 다니는 출판사에서 첫 동화집을 냈습니다. 그런데 그 책이 잘 팔리지 않아 다른 사원들한테 민망했고, 스스로 좀 우울했습니다. 이러다가 반거들충이 작가가 되는 게 아닐까 불안하기도 했고요.

그럴 즈음 어느 날, 영업부 사원이 와서 넌지시 알려주었습니다. 드디어 첫 주문이 들어왔다는 반가운 소식이었습니다.

며칠 뒤에 그 사원이 고개를 갸웃거리며 또 귀띔해주었습니다.

"서울 바깥 신도시에서, 하루나 이틀 간격으로 다섯 권씩 주문이 들어오는데……. 같은 서점은 아니고요."

"나 원! 감질나서."

채송화는 입맛을 쩝쩝 다셨습니다.

"혹시 알아요. 가랑비에 옷이 젖을지."

그 말에 채송화는 빙긋 웃었습니다. 가랑비에 옷 젖는다는 희망적인 비유가 재미있고, 또 한여름 땡볕 아래서 지내는 진짜 채송화에겐 가랑비보다 더한 단비가 없을 것 같았거든요.

하루는 채송화가 그 친구가 근무하는 은행 근처에 볼일이 있어 갔다가, 얼굴이나 한번 볼까 하고 친구 사무실에 들렀습니다. 친구는 손님을 맞아 무엇인가를 열심히 설명하고 있었습니다.

채송화는 일을 방해하고 싶지 않아서 좀 떨어진 대기 의자에 앉아 느긋이 기다렸습니다. 일부러 그런 것은 아닌데, 몰래 친구를 지켜보는 꼴이 되었습니다.

조금 뒤, 볼일을 마친 손님에게 친구가 무얼 내밀었습니다. 언뜻 보니 무척 눈에 익은 것이었습니다. 다시 보는 순간, 채송화의 눈이 휘둥그레졌습니다. 일어서서 나가는 손님의 손에는 바로 자

HWAN

신의 동화집이 들려 있었으니까요. 책의 제목이 다 보이진 않았지만, 책의 꾸밈새와 색깔을 보아 틀림없었습니다.

채송화는 이제 막 온 척하며 친구에게 다가갔습니다.

"차 한 잔 얻어먹을까 하고 들렀더니, 바쁘구나."

"아, 괜찮아. 어서 와."

친구는 서류를 올려놓으며 제 앞에 있는 것을 얼른 가렸습니다. 하지만 이미 채송화가 제 동화집 몇 권이 쌓여 있는 것을 보고 난 뒤였습니다.

'이 친구, 정말!'

그 순간에 채송화의 머리에는 고 작은 꽃 같은 번개가 빨갛게, 노랗게, 하얗게 번쩍번쩍 했습니다.

친구는 채송화의 동화책을 손님들에게 선물로 주고 있었습니다.

오래된 고객이 찾아오면 동화책을 내밀었습니다.

"새로 나온 책인데, 한번 읽어보세요. 아주 아름다운 이야기들이 실려 있습니다."

"어머, 저에게 주시는 거예요. 잘 읽을게요."

처음 맞는 손님에게도 동화책을 선물했습니다.

"《물에서 나온 새》라는 동화집인데, 신문에도 났어요. 무척 재미있어요. 제 손님이 된 기념으로 드릴게요."

뜻밖의 선물을 받은 고객들의 얼굴엔 함박꽃 같은 웃음이 피어났습니다.

하여튼 친구는 채송화가 먹고 싶다던 음식값의 꼭 두 배인 백만 원어치를 이렇게 시나브로 팔아주었습니다. 한턱치고는 참 별난 한턱이었지요.

그런데 그로부터 여섯 달쯤 뒤에 놀랍게도 채송화의 동화집은 베스트셀러가 되었고, 전국에서 주문이 몰려들었습니다.

정말 가랑비에 옷이, 아니 마음이 흠뻑 젖고 있었습니다.

밥맛

눈이 밝으면
아주 작은 물건까지 잘 볼 수 있고,
마음이 밝으면
보이지 않는 남의 마음 깊은 곳까지도
잘 살필 수 있다.

–《수신강요》 중

그저 억지로 꾹꾹 씹어서 목구멍으로 밀어넣듯 삼켰습니다.
그렇게 꾸역꾸역 그 밥을 다 먹었습니다.

밥맛

이 노인들은 만나기만 하면 자랑을 늘어놓았습니다.

그게 무슨 자랑이든, 수염을 기른 노인은 꼭 아들을 들먹였고, 지팡이를 든 노인은 손자와 관련지었습니다. 중절모를 쓴 노인은 딸 자랑밖에 놀랐고요. 이들은 아파트 경로당에서 만나 친구가 된 그저 그런 사이였습니다.

그날은 어쩌다보니 먹는 자랑판이 벌어지게 되었습니다. 아마도 점심 시간이 거의 다 된 무렵이라 배가 출출했던 모양입니다.

지팡이 노인이 먼저 군침이 도는 이야기를 꺼냈습니다.

"손자 놈이 생선의 살을 발라서 내 숟가락에 착 얹어준다네. 그걸 반찬으로 따뜻한 밥을 먹어봐. 그보다 더 맛있는 건 이 세상에 없을걸세. '할아버지, 맛있어?' 하는 말은 입맛 돋우는 양념이고."

이에 질세라 중절모 노인이 나섰습니다.

"내 딸은 죽은 제 엄마 음식 솜씨를 고스란히 물려받았어. 걔 손만 가면 맛이 확 달라진다니까. 요즘 우리 집 음식은 일류 요릿집도 저리 가라야. 딸아이가 날 보고 싶다며 와 있거든."

시큰둥한 얼굴로 수염을 쓰다듬던 노인이 혼잣말 투로 중얼거렸습니다.

"불란서 요린데, 이름은 잊어버렸어. 외국에 사는 아들이 돌아와야 또 맛볼 수 있을 텐데……. 내 평생 먹은 음식 가운데 그 맛이 으뜸이었어. 아마 자네들은 냄새도 못 맡아 봤을 거야."

이렇게 세 노인이 누가 믿거나 말거나 자랑을 늘어놓으면, 늘 빙긋 웃으며 그저 듣기만 하는 이는 '샌님'이었습니다. 그 노인에게는 초등학교 교장으로 정년 퇴직한 전력과 꼬장꼬장하고 융통성 없는 성격을 함께 아우르는 그 별명이 정말이지 잘 어울렸습니다.

신문을 뒤적이며 아직 자기네 이야기에 끼어들지 않고 있는 샌님한테 중절모 노인이 다그치듯 물었습니다.

"이봐, 샌님. 자넨 무슨 별난 음식 먹어본 것 없어?"

샌님은 그제야 신문을 내려놓고 그쪽으로 얼굴을 돌렸습니다. 빙긋 웃는데, 아직도 가지런한 앞니가 인상적이었습니다.

"맛난 밥?"

그 순간, 샌님의 머리에는 쉰 해도 더 된 그 지난날의 밥 한 그릇이 떠올랐습니다. 그 밥 냄새와 밥맛까지도 생생히.

"왜 없어, 있지! 정말 기막힌 밥을 먹어봤다네."

샌님은 까까머리 소년을 겨우 벗어난 열여덟 살에 초등학교 교사가 되었습니다. 그러고 두 해가 지났으니까, 꼭 스무 살 때였습니다.

새 학년이 되어 5학년 담임을 맡았습니다. 그 무렵엔 한 학급의 아이가 일흔 남짓 해서, 낯을 익히는 데도 한참이 걸렸습니다. 새 아이들을 만난 지 한 달이 넘고, 가정 방문까지 마쳤지만 아직 이름도 다 외지 못할 정도였습니다.

그 즈음의 어느 토요일, 수업을 마치고 아이들을 막 돌려보낸 뒤였습니다. 퇴근 준비를 서두르고 있는 샌님 앞으로 한 아이가 쭈뼛쭈뼛 다가왔습니다. 누더기를 입고, 땟국이 흘러 꾀죄죄한 얼굴이었습니다. 이름이 얼른 생각나지 않았습니다.

"선생님, 우리 집엔 가정 방문을 안 오세요?"

"뭐라고?"

"우리 집만 빠졌어요. 엄마가 모시고 오래요."

그 아이가 눈치챌까봐 내색은 하지 않았지만 젊은 샌님은 무척 당황했습니다. 아이들을 앞세우고 학구 안의 마을을 다 돌아다녔는데, 한 집을 빠뜨렸다니 알 수 없는 노릇이었습니다.

"이런, 내가 잘못했구나. 지금 곧장 가자. 참, 네 이름이……?"

"상섭이입니다. 고상섭."

샌님은 친구를 만나려던 계획을 뒤로 미루고 상섭이와 나란히 교문을 나섰습니다. 읍내를 벗어나 신작로를 따라 얼마 동안 걷던 상섭이는 논둑길로 접어들었습니다. 풋내가 물씬한 가운데 냉이의 싸한 기운이 섞여 있었습니다. 멈칫멈칫 뒤따라가던 샌님이 물었습니다.

"거기도 마을이 있니?"

"우리 집만 있어요, 외따로."

왠지 그 목소리가 떨리는 듯했습니다.

개울을 끼고 돌아 과수원을 지나자, 다리가 나왔습니다. 상섭이는 잠시 멈춰 서서 샌님을 돌아보고는 다시 눈길을 앞쪽으로 보냈습니다. 그곳 다리 아래에 움막이 하나 눈에 띄었습니다.

'아!'

샌님은 자신도 모르게 숨을 깊이 들이쉬었습니다. 어째서 이 아이네 집만 빠뜨리는 실수를 했는지 그제야 헤아릴 수 있었거든요.

상섭이는 방죽 아래로 내려가더니, 뒤를 한 번 돌아보고는 그 움막 안으로 들어갔습니다. 얼만큼 간격을 두고 샌님도 그 거적문을 들추었습니다. 어두컴컴해 아무것도 보이지 않고, 역한 냄새만 확 끼쳤습니다.

안에서 거동이 불편한 누군가 부스스 일어나는 기척이 났습니다.

"엄마, 선생님 오셨어요."

"제가 상섭이 선생님입니다."

샌님은 다짜고짜 넙죽 엎드려 절부터 올렸습니다. 그 시절, 선생님과 학부모가 처음 만나면 으레 큰절로 인사를 나눴습니다.

어둠에 눈이 익자, 그제야 움막 안이 어렴풋이 보였습니다. 무슨 병을 앓고 있는지 얼굴에 부기가 있는 상섭이 어머니는 맞절을 하다가 기침을 쿨룩쿨룩 했습니다.

"선생님, 용서해주이소. 제 몸이 이래서……, 이런 누추한 곳으로 오시게 했습니다."

"아닙니다. 제가 진작 찾아뵙지 못해 죄송합니다."

"우리 상섭이 잘 가르쳐주십시오. 섭이가 바로 자라야 우리가 이 생활에서 벗어날 수 있을 테니까……."

"……알겠습니다."

"맨입으로 자식 부탁을 드리기가 죄스러워서 밥 한 그릇을 준비했습니다. 우리 섭이가 오늘 아침에 얻어온 밥 중에서 그래도 나은 것으로 남겨두었는데……. 우리 모자 성의로 알고 잡숴주십시오."

그녀는 바닥에 골판지 조각을 깔더니, 그 위에 밥이 담긴 양재기 하나를 달랑 내놓았습니다. 김치 조각과 된장이 뒤섞여 밥은 마치 비벼놓은 것 같았습니다.

HWAN

샌님은 얼떨결에 숟가락을 들었습니다. 밥을 한 숟가락 뜨자, 고약한 냄새가 코를 찔렀습니다. 속에서 구역질이 울컥 나오려 했습니다.

'이 밥을 먹지 못하면, 선생님 자격이 없다.'

샌님은 순간적으로 이렇게 생각했습니다. 눈을 딱 감고 숟가락을 입에 가져갔습니다. 억지로 꾹꾹 씹어서 목구멍으로 밀어넣듯 삼켰습니다. 그렇게 꾸역꾸역 그 밥을 먹었습니다. 그러다 보니, 언제부턴가 매스껍던 냄새 대신에 달짝지근한 밥맛이 입 안에 고였습니다. 코가 무뎌진 탓인지 움막 안의 역한 냄새도 사라졌습니다. 어느새 사람 냄새만이 가득했습니다.

샌님은 마침내 그 밥 한 양재기를 다 비웠습니다. 마치 더운 국밥을 먹었을 때처럼 땀을 흘리고 있었습니다.

잠자코 지켜보던 상섭이 어머니가 샌님의 손을 덥석 잡으며 흐느꼈습니다.

"선생님, 제 정성을 알아주셔서 고맙습니다."

상섭이의 얼굴도 한결 밝아져 있었습니다.

움막 밖으로 나온 샌님이 이마의 땀을 훔쳤습니다.

그때, 움막 안에서 어머니가 상섭이한테 이르는 말이 들렸습니다.

"참말로 훌륭하신 선생님이시다. 넌 이제부터 선생님께서 시키시는 대로 해야 한다. 알았지! 죽어라 하시면 정말 죽거라."

그 방죽의 양지바른 곳, 파릇파릇한 잔디 사이에서 보라색 제비꽃 한 송이가 바람에 흔들렸습니다. 지금 경로당 뜰에도 마치 그 꽃인 양 제비꽃이 피었습니다. 그 위에 큰 나비 한 마리가 앉아 졸고 있었습니다.

"난 여태 그 밥맛을 잊을 수가 없다네."

가만히 듣고 있던 노인들은 입 안에 도는 군침을 몰래 삼켰습니다. 그러더니 지팡이 노인이 궁금하다는 듯이 물었습니다.

"그 아이는 어떻게 됐남?"

샌님은 그렇게 물어주기를 기다리고 있었던 모양입니다. 그 말을 냉큼 받아 대답하는 샌님의 얼굴엔 더할 수 없는 자랑이 넘쳤으니까요.

"내가 죽으라는 말을 안 했으니 죽진 않았고……. 지금은 대단한 인물이 돼 있지. 내가 열심히 노력하라는 말만 했으니, 죽으라고 공부했거든."

"출세했다면, 가끔 찾아와서 비싼 음식 대접할 것 아닌가?"

수염 노인이 부러운 듯이 물었습니다.

"자주야 찾아오지. 하지만 우린 언제나 싼 집만 찾아간다네."

"아, 그 양반!?"

중절모 노인이 손으로 제 무릎을 탁 쳤습니다. 그러더니 다시 물었습니다.

"맞지? 언젠가 우리한테 따뜻한 순댓국을 대접했던……."

샌님의 대답도 듣지 않고, 중절모 노인은 제가 먼저 고개부터 끄덕였습니다. 다른 두 노인도 따라 고갯장단을 맞췄습니다.

"……."

샌님은 가지런한 이를 내보이며 빙긋 웃기만 했습니다. 이 말 없는 대답이 그 분위기에 참 잘 어울렸습니다.

반쪽짜리 편지

산이

아무리 높아도

높다고 할 수 없으니

사람의 마음은

하늘보다

높다.

– 중국의 격언

아버지는 반쪽짜리 편지를 보내 남매가
한 달에 한 번씩은 꼭 만나게 만들었습니다.
그렇게 해서 둘은 서로를 더 깊이 이해하게 되었습니다.

반쪽짜리 편지

달호 아저씨는 어느 날 엉뚱한 편지 한 통을 받았습니다.

겉봉을 보면 친구가 보낸 게 분명한데, 속에 든 알맹이의 사연은 뚱딴지 같았습니다. 저번에 누구 결혼식 때 왜 오지 않았느냐는 둥 집안 망신시킨 조카를 따끔하게 혼내줘야지 무슨 사람이 그리 맹물이냐는 둥 알 수 없는 이야기만 늘어놓고 있었거든요.

"아니, 뭐 이런 편지가!"

그 편지를 막 구겨 버리려던 달호 아저씨가 멈칫했습니다. 다시 편지를 들고 이리저리 살펴보았습니다. 조금 후 그의 입가에

엷은 미소가 번졌습니다.

“이 친구도 참……. 깜빡했구먼.”

몇 사람에게 보낼 편지를 한꺼번에 썼다가 그만 봉투와 속편지가 뒤바뀐 모양이라는 짐작을 했던 것입니다. 눈에 익은 글씨체로 봐서 그 친구가 쓴 게 틀림없었으니까요. 아마도 달호 아저씨한테 왔어야 할 편지는 다른 누군가에게 가 있겠지요.

달호 아저씨는 편지를 되돌려 보내려고 새 봉투에 고이 넣었습니다. 그러고는 그 친구의 주소를 쓰다 말고 생각에 잠겼습니다.

이내 달호 아저씨의 눈에는 눈물이 얼비쳤고, 자꾸 눈을 슴벅거렸습니다.

오래 잊고 지냈던 반쪽짜리 편지가 문득 떠올랐던 것입니다.

고등학생 달호는 한 달에 한 번꼴로 반쪽짜리 편지를 받았습니다.

가위로 반쪽만 자른 누런 종이에 연필로 꾹꾹 눌러가며 서툰 글씨로 쓴 편지! 그것은 시골에서 아버지가 보낸 서신이었습니다. 낮엔 농사일로 바쁜 터라 저녁상을 물린 뒤 호롱불 아래서 한 시간은 좋이 끙끙거리며 썼을 것입니다. 그 편지를 읽으면, 이상하게도 귀에 아버지의 목소리가 쟁쟁히 들렸습니다.

봉투에는 분명히 '최달호 앞'이라고 씌어 있었지만, 편지글은 늘 '영숙아……'로 시작되었습니다.

> 영숙아, 보내준 돈은 네 오빠 등록금으로 보냈다. 고맙다. 네 오빠는 나보다 더 너를 고맙게 생각할 것이니라. 그리고 염치가 없다만 한 가지 더 부탁하마. 네 엄마가 눈병이 나서 고생하니 안약 한 병만 좀 사서 보내다오…….

여동생 영숙이는 국민학교(초등학교)만 졸업한 뒤 버스 차장으로 나섰습니다.

그 시절엔 시내 버스나 시외 버스에는 차장이 있었습니다. 대부분 열너덧 살 안팎의 여자아이들인데, 버스 안에서 손님들한테 일일이 요금을 받는 일을 했습니다.

출퇴근 때 콩나물 시루 같은 만원 버스 속에서 손님들 사이를 비집고 다니며 빠뜨리지 않고 돈을 받아내는 일은 여간 고되지 않았습니다. 거기다 어떤 땐 돈도 안 내고 도리어 거스름돈 내놓으라고 하는 얄궂은 사람과 실랑이질까지 하고 나면 진이 다 빠졌습니다. 승객들이 오르내리는 것도 도왔으며, 정류장에 멈췄던 버스는 차장이 '오라잇'이라고 소리쳐야 출발했습니다.

새벽 일찍부터 밤늦게까지 하루 종일 버스를 타고 다니며 시달려야 하는 아주 고된 직업이었습니다.

어려운 형편에 달호가 도시의 고등학교로 진학하자, 동생은 중학교에 갈 엄두도 못 냈던 것입니다.

같은 도시였지만, 달호는 따로 자취를 했고 영숙이는 합숙소에서 생활했습니다. 그런 데다 저마다 바빴던 탓에 서로 만나기가 힘들었습니다.

그러나 달호가 아버지의 편지를 받은 다음날에는 어떻게든 틈을 내어 영숙이를 찾아갔습니다. 그 편지를 제 주인한테 꼭 전해줘야 했으니까요.

버스 종점에 가서 기다리다 보면, 영숙이가 일하는 버스가 들어왔습니다.

영숙이는 달호를 발견하고도 손짓만 보내고 먼저 사무실로 뛰어갔습니다. 받아온 요금을 고스란히 경리한테 넘겨주는 일이 더 급했거든요.

그런 다음에야 버스가 다시 출발할 때까지 몇 분 동안 오빠 달호를 만날 수 있었습니다.

마주 서는 순간에 두 사람은 약속이나 한 듯이 서로 손을 내밀었습니다.

"오빠, 편지!"

"자, 너도!"

이렇게 남매는 아버지의 반쪽짜리 편지를 서로 바꾸었습니다.

영숙이에게 건네받은 편지는 '달호야'로 시작되었습니다.

달호야, 이번에 네 성적이 더 올랐더구나. 기쁘다. 이 아비보다 영숙이가 더 기뻐할 게야. 너는 아무 생각 말고 공부나 파고들어라…….

그 편지를 다 읽기도 전에 저쪽에서 운전 기사가 '빵빵' 경적을 울렸습니다.

그러면 영숙이는 서둘러 달려가며 말했습니다.

"오빠, 잘 가! 쉬는 날에 오빠한테 갈게. 빨래하지 말고 그냥 둬."

아직 편지에 눈을 둔 채로 달려가는데 용케도 버스 쪽으로 똑바로 갔습니다. 그 등에다 대고 달호가 소리쳤습니다.

"한 달에 겨우 하루뿐인 날을……. 그냥 쉬어."

그런 중에도 영숙이는 대답까지 꼬박꼬박 했습니다.

"아버지 편지에 그래라 하셨어."

"미안해."

"오빠도 별소리 다 한다."

그제야 버스에 다다른 영숙이가 승강구에 한 발을 올려놓은 채 돌아보았습니다. 오빠를 향해 하얀 이를 가지런히 내보이고는 버스 안으로 사라졌습니다.

이런 날이면, 달호는 한숨도 자지 않고 밤을 꼬박 새우며 공부했습니다.

그런데 꼭 한 번 달호가 아버지의 편지를 위조(?)한 적이 있었습니다. 아버지가 보낸 그 편지의 원본은 이랬습니다.

영숙아, 얼마 전에 달호 담임 선생님이 시골 우리 집에 다녀 가셨다. 네 오빠가 수재이니 대학은 서울에 보내라고 하시더라. 고학을 하기도 대처가 더 쉽다며……. 내 그러기로 작정했다. 그러니 너도 고생을 하는 김에 좀 더 해라. 하루 한 끼를 줄이더라도 돈을 좀 더 보내줘야겠구나.

달호에게는 딴 생각 말고 서울 갈 준비나 하라는 단호한 명령이었고, 영숙이한테는 우리도 단단히 각오하자는 간곡한 당부였습니다. 아버지의 편지는 반쪽짜리였지만 늘 이렇게 둘에게 알리는 내용을 절묘하게 담고 있었습니다.

달호는 이 편지를 거푸거푸 읽었습니다. 아무래도 그대로 영숙이에게 전할 수는 없었습니다. 이 편지를 읽으면 영숙이는 그날부터 하루 두 끼만 먹을 게 뻔하니, 차마 그렇게 할 수는 없는 노릇이었습니다.

그래서 끄트머리를 지우고 아버지의 글씨를 흉내내서 이렇게 고쳐 썼습니다.

'너 고생이 많다. 그러니 밥을 하루 세 끼 꼬박꼬박 챙겨먹어야

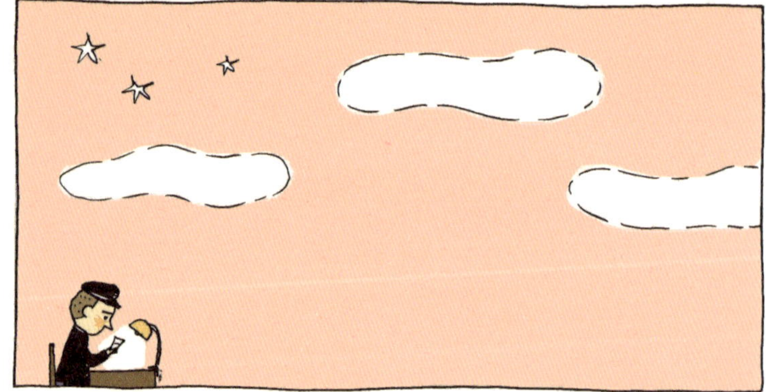

HWAN

한다. 네가 건강해야 오빠를 계속 도울 수 있을 게 아니냐.'

그 편지를 건네받은 영숙이는 한참 동안 뚫어져라 들여다보았습니다. 잠시 후에 눈물 두어 방울을 떨어뜨렸는데, 공교롭게도 달호가 고쳐 쓴 그곳에 떨어지는 것이었습니다.

고개를 든 영숙이의 눈은 아직 눈물을 머금고 있었지만, 입가에 번지는 미소는 해맑기 그지없었습니다.

"오빠, 고마워. 내 밥 안 굶을게."

그 말에 왠지 달호는 목이 메었습니다. 아무 대꾸도 하지 못하고 편지만 건네받고 돌아섰습니다.

바로 그 순간이었습니다. 어둠 속에서 갑자기 햇빛이 쨍쨍한 바깥으로 나온 듯 눈앞에 아무것도 보이지 않았습니다. 그와 함께 머릿속이 어질어질했습니다. 쓰러질 것 같았지만 겨우 겨우 버티고 서 있었습니다.

영숙이가 일하는 버스가 종점을 벗어나는 것을 보고 그 자리에 주저앉았습니다. 한참 뒤에 정신을 차렸지만, 강렬한 햇빛이 계속해서 내리쬔 듯 머리가 난로처럼 뜨거웠습니다.

이런 기억으로 미루어보아 그때가 아마 여름이었던 것 같습니다.

하여튼 그 달부터 영숙이가 아버지께 보내온 돈은 여태까지보다 얼마간 더 얹은 액수였다고 합니다.

이 반쪽짜리 편지는 달호가 고등학교를 졸업할 때까지 계속되었습니다.

아버지는 그 반쪽짜리 편지를 통해 남매가 한 달에 한 번씩은 만나게 만들었고, 또 서로를 이해하도록 이끌었던 것입니다.

그 뒤 달호가 서울에 있는 대학에 다니게 되면서부터 편지는 온장짜리로 바뀌었습니다.

달호 아저씨는 잘못 온 편지를 넣은 봉투에 주소를 다시 썼습니다. 풀로 붙여 봉한 뒤에 자리에서 벌떡 일어섰습니다. 그러더니 안쪽을 향해 소리쳤습니다.

"여보, 우리 지금 애들 고모한테 갔다옵시다. 재범아, 상범아! 너희들도 같이 가자."

"아니, 무슨 일이에요?"

아내가 들어오며 물었습니다.

"오래 못 봤잖소. 보고 싶어 그래요."

"뭐가 오래 못 봤어요. 고모네가 다녀간 지 한 달도 채 안 됐을걸요……."

"한 달이면 오래지!"

아이들의 고모인 영숙이는 벌써 마흔 줄에 들어선 나이였습니다. 성실한 운전 기사를 만나 결혼을 했습니다. 부부가 워낙 알뜰한 덕분에, 아이들 고모부는 지금 개인 택시를 굴리며 남부럽지 않게 살고 있답니다.

"얘들아, 뭐 하니! 어서 가자."

달호 아저씨가 재범이, 상범이를 재촉했습니다.

"꾸물거리는 건 아빠예요! 빨리 오세요."

어느새 아이들이 승용차 안에서 '빵빵' 경적을 울렸습니다.

그 순간에 달호 아저씨는 문득 지난날 영숙이를 만나러 갔을 때 종점에서 들었던 그 경적을 떠올렸습니다.

복이 아재

참된 행복은
다른 사람들을 섬기는 일에
자기를 모두 바친 사람만이 누릴 수 있다.

– 아메리카 인디언의 격언

부엌에는 아무도 없었습니다. 다만 누가 지폈는지 아궁이에서
장작불이 탁탁 소리를 내며 타오르고 있었습니다.

복이 아재

해돋이 전에 낮은 굴뚝 위로 몽개몽개 피어오르는 연기는 땅속의 신령이 내뿜는 입김 같았습니다. 그 연기가 흔들리며 흩어지는 모습은 마치 땅신령이 '아, 잘 잤다'며 기지개를 켜는 듯했습니다.

저녁 연기는 느낌이 달랐습니다. 고된 농사일을 마친 그 집의 주인이 내쉬는 한숨처럼 보였습니다. 연기의 싸한 자극 속에서, 하루를 별일 없이 넘긴 데 대한 안도와 감사도 함께 묻어났습니다.

여느 사람들은 연기를 이렇게 뭉뚱그려 건성으로 보았습니다.

그렇지만 복이 아재는 집집의 굴뚝에서 나오는 연기를 예사로 보지 않았습니다. 그 색깔이나 모양에 따라 지금 아궁이 속에서는 무슨 땔감이 어떻게 타고 있는지를 꿰뚫어 보았습니다.

굴뚝에서 나오는 연기가 아지랑이 같으면 아궁이에는 숯이나 솔가리가 타고 있고, 노인의 센 머리카락 같으면 장작불인 줄을 알았습니다.

"메밀이나 고추 대를 때면 하얀 연기가 나오고, 볏짚을 태우면 거무스레한 연기가 꾸역꾸역 나오지."

이런 복이 아재의 말을 모두들 웃으며 넘겼습니다. 쓸데없는 궁리나 하고 빈둥거리는 싱거운 사람으로 여겼던 것이지요. 그런 탓에 어른 아이 할 것 없이 온 마을 사람들이 만만하게 보아 그냥 복이 아재라고 부르며 하대했습니다.

복이 아재는 늘 초겨울 한 철만 바빴습니다. 찬바람이 불기 시작하면 이 집 저 집에서 복이 아재를 불렀거든요. 더 정확히 말하면, 복이 아재가 집집마다 찾아다녔습니다.

하지만 일 년 내내 별 볼일 없던 복이 아재가 이때만은 기술자로 톡톡히 대접을 받는 것이었습니다.

복이 아재가 방구들을 고치는 기술은 신기에 가까웠습니다.

"삭풍이 조금만 불어도 불길이 아궁이 밖으로 나오지요?"

복이 아재가 이렇게 물으면, 주인은 용타는 표정으로 고개를 끄덕였습니다.

이런 집은 굴뚝을 조금만 높이거나 낮추면 불길이 고래 속으로 쭉쭉 빨려 들어가게 되었습니다.

그보다 문제가 심한 집은, 아궁이를 뜯어고치거나 방고래 들머리를 조금 손보는 정도였습니다. 그러고 나면 부엌에 자욱하던 매운 연기까지 아궁이 쪽으로 도로 빨려 들어가는 것이 빤히 보였습니다. 마치 땅신령이 꼬리를 감추는 것 같았지요.

"복이 아재, 참말로 재주 좋소."

아주머니들이 매운 눈을 비비며 감탄했습니다.

그러면 열없이 성그레 웃는 게 복이 아재의 대답이었습니다.

일을 끝낸 복이 아재는 솔가지로 바짓가랑이에 묻은 그을음과 먼지를 탁탁 털었습니다. 그러고는 우물가로 가서 찬물로 손을 씻었습니다.

복이 아재는 이제 빨랫줄에 걸어두었던 저고리를 걷어 입고선

방으로 들어갔습니다. 냉큼 아랫목으로 가서 엉덩이 아래에 손을 넣고 깔고 앉았습니다. 그러고는 방바닥이 데워지기를 기다렸습니다. 어느 정도 따스한 기운이 번지면, 복이 아재는 아랫목을 주인에게 내주고 윗목으로 물러앉으며 말했습니다.

"한번 앉아보소. 이만하면 겨울은 넉넉히 날 거요."

주인은 금세 데워진 방바닥을 손으로 쓸어보며 흡족해했습니다. 그 모습을 바라보는 복이 아재가 주인보다 더 흐뭇한 표정을 지었습니다.

이때면 안주인이 저녁상을 차려 들어왔습니다. 시래깃국에 김치 반찬이 전부지만, 놋그릇엔 하얀 이밥이 고봉으로 담겨 있었습니다.

복이 아재는 앉은자리에서 그 밥 한 그릇을 뚝딱 먹고 일어서면 그만이었습니다. 그게 품삯이었습니다.

이렇게 온 동네 방구들을 봐주느라 정작 자기 집은 맨 나중이었습니다. 샛터마을의 호수가 예순이 넘었고, 한 집에 구들방이 두서너 개씩은 되었으니 그럴 수밖에 없었습니다.

순해 빠진 그 아내 한실댁이 기껏 성깔을 부린다는 게 "우리 구들은 언제 손보느냐?"고 쫑알거리는 정도였습니다. 그러면, "여태 고생한 것 며칠 더 하소." 하며 집을 나서는 복이 아재였고요.

복이 아재가 방구들을 봐주는 순서가 있었는데, 노인이나 아기가 있는 집, 또는 아픈 사람이 있는 집이 먼저였습니다.

이런 복이 아재 덕분에 마을 사람들은 겨울을 따뜻하게 보낼 수 있었습니다.

그 해 겨울은 유난히 추웠습니다. 그런 데다 눈까지 푸지게 내렸습니다. 어느 집 할 것 없이 아궁이에 군불만 지펴놓고 방 안에서 꼼짝하지 않고 며칠을 지냈습니다. 그러다 보니, 세 끼 밥 지을 때나, 뒷간에 가려고 밖에 나올 때만 그제야 이웃들은 어떻게 지내는가 두리번두리번 살펴보았습니다.

이 즈음 복이 아재네 이웃 사람들은 이상한 낌새를 차리고 고개를 갸웃거렸습니다.

"이쩨 저 집 굴뚝에신 며칠째 연기가 안 나네?"

뒷집의 놀이 엄마가 오두막집의 나지막한 처마 위로 솟은 나무 굴뚝을 보며 중얼거렸습니다.

"무슨 일이 있나? 사람이 얼씬도 않게……."

앞집 할아버지가 담뱃대를 입에 물고 빽빽 빨며 복이 아재네 집 쪽을 기웃거렸습니다.

그 할아버지가 며느리한테 복이 아재네 집에 들러보라고 시켰습니다. 며느리는 돌이 엄마와 함께 복이 아재네 집을 찾아갔습니다.

돌이 엄마는 댓돌 위에 놓인 신발을 보며 인기척을 냈습니다.

"이 집에 사람이 있나, 없나?"

그러고는 대꾸도 기다리지 않고 문을 열어젖혔습니다.

찬 기운이 확 끼치는 방 안의 광경은 정말 뜻밖이었습니다.

복이 아재는 잔뜩 웅크리고 앉았고, 그 옆에 한실댁이 두 살짜리 아들을 폭 껴안고 누워 있었습니다. 복이 아재가 늦장가를 들어 늦게 본 아들이었습니다. 한실댁과 아기는 거적 같은 이불을 함께 덮고 있었는데, 복이 아재는 그 한 자락을 당겨 무릎만 덮은 채 덜덜 떨고 있었습니다.

"웨, 웨, 웬일이오? 이, 이리 앉으소."

턱이 떨려 말까지 더듬는 복이 아재가 겸연쩍은 얼굴로 한쪽으로 비키며 자리를 내놓았습니다. 그 자리에 앉던 돌이 엄마가 혀를 쯧쯧 찼습니다.

"이런! 아랫목이 사람 득 보려 하는군."

아직 팔짱을 끼고 섰던 앞집 며느리가 나무라듯 말했습니다.

"한겨울에 불도 안 때고 뭐 하나?"

그제야 한실댁이 부스스 일어나 앉으며 한숨처럼 내뱉었습니다.

"나무가 있어야지요."

"뭐라고! 보자, 아이는 괜찮나?"

돌이 엄마가 한실댁한테서 아기를 빼앗듯이 받아 안았습니다. 아기는 몸에서 불덩어리처럼 열이 나고, 콧물을 줄줄 흘리고 있었습니다.

"쯧쯧, 큰일 낼 사람들이잖아!"

돌이 엄마가 버럭 화를 냈습니다. 이불을 확 당겨서 아기를 둘둘 말아 안고는 자기 집으로 뛰어갔습니다. 얼떨결에 아기를 빼앗긴 한실댁도 허둥지둥 뒤따라갔습니다.

그 해엔 예년과 달리 집집마다 구들 고칠 일이 많았습니다. 그 탓에 복이 아재는 겨우살이 준비를 제대로 못했던 모양이었습니다.

HWAN

이 소문은 금세 마을에 쫙 퍼졌습니다.

이 집 저 집에서 불렀지만, 복이 아재는 고집스레 꼼짝도 하지 않았습니다. 한실댁과 아기는 돌이네 집에서 잡아두고 보내주지 않아서, 복이 아재 혼자 냉방을 지키고 있었습니다.

복이 아재는 이불을 뒤집어쓴 채 잔뜩 웅크리고 누워 있다가 초저녁에 어렴풋이 잠들었습니다. 따뜻한 기운이 발끝에서 온몸으로 번져오는 것을 느끼면서 깊은 잠에 빠졌습니다. 그런데 잠결에 코가 간질간질하고 메케한 것을 느꼈습니다. '어!' 하고 벌떡 일어났습니다. 부엌으로 난 샛문이 불빛을 받아 불그스레했습니다.

복이 아재는 화닥닥 밖으로 나가 부엌문을 열어젖뜨렸습니다.

"이런!"

부엌에는 아무도 없었습니다. 누가 지폈는지 아궁이에는 장작불이 탁탁 불티를 내며 타고 있었습니다. 그뿐이 아니었습니다. 안쪽에는 장작이 더미를 이룰 만큼 쌓여 있고, 부뚜막에는 쌀자루가 놓여 있었습니다.

복이 아재는 아궁이 앞에 쪼그리고 앉아 불을 쬐었습니다. 눈을 지그시 감고 깊은 생각에 잠겼습니다. 사방은 고요하고, 밖에는 또 눈발이 휘날렸습니다.

그때 한실댁이 돌아오는 기척이 났습니다. 뜰에서 신발에 묻은 눈을 털면서 아내가 혼잣말로 흥얼거리자, 아기는 대꾸하듯 옹알거렸습니다.

"네 아버지 탓에 얼어서 죽는 줄 알았더니……."

"옹알옹알."

"네 아버지 덕에 따뜻하게 지내게 됐구나."

"옹알옹알."

장작 불빛에 불그레한 복이 아재의 얼굴에 웃음이 번졌습니다.

그 해 겨울을 그럭저럭 넘겼습니다.

봄이 되자, 복이 아재가 이사를 간다는 소문이 온 동네에 퍼졌습니다.

"또 신세를 지며 살 순 없지요."

마을 사람들이 붙잡았지만, 복이 아재는 기어코 이삿짐을 꾸려 도시로 떠났습니다.

몇 해 동안 샛터마을 사람들은 복이 아재가 무척 아쉬웠습니다.

겨울을 앞두고 이웃 마을에서 구들장이를 불러왔지만 그 솜씨가 영 성에 차지 않았습니다. 복이 아재면 간단히 해결할 문제를 가지고도 온 방구들을 다 뜯어고치며 하루 종일 낑낑댔던 것입니다. 그러고도 그 효과는 신통찮았습니다.

구들을 손본 집의 아낙은 아궁이에 불을 지피면서 "복이 아재 반도 안 된다."며 종알댔고, 남정네는 아랫목이 뜨뜻해지기를 기다리며 역시 "복이 아재 반도 안 된다."고 투덜거리기 십상이었습니다.

그 후로 복이 아재에 대해 아무 소식도 들을 수 없었고, 시간이 점차 지나자 마을 사람들도 복이 아재를 까맣게 잊어버렸습니다. 불을 안 때면 아랫목도 식듯 누구든 안 보면 잊게 마련인가 봅니다.

세월이 흘러 집집마다 가스를 쓰게 되고, 전기 밥솥으로 밥을 짓고, 또 기름 보일러를 놓게 되었습니다. 아침저녁으로 굴뚝에서 연기가 피어오르는 아온한 모습이 사라졌습니다.

어느새 일흔 살 남짓 한 할머니가 된 돌이 엄마는 아직 샛터마을에 살고 있었습니다. 이제 중년이 된 돌이의 막내딸이 초등학교 3학년에 다녔습니다.

하루는 그 손녀가 국어 숙제라며 속담을 묻자, '복이 아재 반도 안 된다.'는 속담을 말해주었습니다.

"복이 아재가 누구야?"

"옛날에 우리 마을에 살았지. 구들 놓는 기술 좋고 마음씨는 더 좋은 사람이란다."

이렇게 말하는 돌이 엄마의 눈앞엔 복이 아재의 얼굴이 어제 본 듯 선히 떠올랐습니다.

인정이란 참으로 묘했습니다. 샛터마을 사람들은 자신들도 모르는 사이에 뜻밖의 방법으로 복이 아재를 기리고 있었습니다.

무슨 일을 맡은 사람의 솜씨가 기대에 턱없이 못 미치거나 무슨 성과가 터무니없이 부족할 때 그 속담을 쓰고 있었던 것입니다.

붕어빵

작은 길, 좁은 곳에서는
한 걸음 멈추어
남이 먼저 가게 하라.
맛있고 좋은 음식이 생기면
남에게 먼저 맛보게 하라.
이것이 세상을 가장
행복하게 사는
방법이 될 것이니.

– 《채근담》 중에서

말 못하는 두 내외, 관심을 밖으로 보낸 스님과
입을 쑥 내민 아주머니뿐인 붕어빵집 안이
마치 물 속처럼 고요했습니다.

붕어빵

찬바람이 제 세상을 만난 듯 거들먹거리며 골목골목을 들쑤시고 다녔습니다.

이 즈음이면 건널목이나 버스 정류장이 가까운 곳곳에 붕어빵 장수가 나타났습니다.

손수레에 빵틀을 얹고, 그 둘레에 비닐 바람막이를 엉성하게 두른 게 붕어빵 가게의 전부였지요. 하지만 겉모습과 달리 안을 들여다보면 따뜻한 정취가 물씬 풍겼습니다.

노릇노릇 구워지는 붕어빵에서는 구수하면서 달큼한 냄새가 미지근한 온기와 함께 퍼져 나왔습니다.

그 앞으로 목을 움츠린 채 외투 주머니에 손을 푹 찌른 사람들이 종종걸음 치며 오갔습니다.

이미 구워져 가지런히 놓인 붕어빵들이 그들을 향해 말했습니다.

"뭐가 그리 바쁘세요. 저를 좀 봐주세요."

그러나 사람들은 대부분 그냥 지나쳤습니다. 붕어빵의 말은 누구나 알아들을 수 있는 게 아니었거든요. 알은척하고 돌아보며 엷은 웃음을 보여주는 사람이 어쩌다 있을 뿐이었습니다.

참붕어가 흙탕물에서 한 모금의 산소를 얻기 위해 입을 뻐끔거리듯, 붕어빵도 인정에 목말라 하며 식어가고 있었습니다.

아파트 단지 들머리에 있는 버스 정류소 옆, 그곳은 동사무소 앞이자 상가 맞은편이기도 했습니다. 거기 커다란 플라타너스 나무 아래에 붕어빵 노점이 있었습니다.

붕어빵 장수는 말을 못하는 장애인 부부였습니다. 이 부부가 여러 사람들이 눈독을 들이는 노른자위 자리를 차지할 수 있었던 것은 행운이었습니다.

얼마 전까지는 조그만 분식점을 했던 이들은, 건물 주인이 부도를 내고 숨어버리는 바람에 전세 보증금까지 날리고 거리에 나앉게 되었습니다. 이 딱한 사정이 지역 신문에 실렸고, 그 기사를 읽은 시장이 특별히 자리를 마련해주었던 것입니다.

'참 감사할 따름이지요.'

얼마 전에 자기들을 속인 세상을 죄다 잊고, 그 일에 감사하며 열심히 붕어빵을 구워 팔고 있는 순박한 사람들이었습니다.

가끔 그 앞을 지나는 보리 스님은 이들이 일하는 모습을 보는 것만으로도 즐거웠습니다. 그래서 일부러 붕어빵집에 들르곤 했습니다.

보리 스님은 붕어빵을 볼 적마다 목어가 떠올랐습니다. 스님들이 나무 물고기를 두드리며 불경을 읽듯, 이들은 빵 붕어를 구우며 그 경전의 가르침을 실천하는 것 같이 보였습니다. 그래서 그곳을 그냥 지나칠 수 없었지요.

잿빛 털모자를 쓴 머리부터 비닐 문틈으로 들이민 보리 스님이 눈을 치뜬 채 기다렸습니다. 무슨 낌새를 챈 아내가 먼저 고개를

HWAN

돌렸습니다. 잇따라 남편도 고개를 들었습니다. 그들과 눈이 마주친 보리 스님은 그제야 합장을 하며 물었습니다.

"오늘, 많이 팔았어요?"

장애인 부부는 똑같이 보리 스님을 흉내내듯 두 손바닥을 마주 합쳤습니다. 그러면서 고개를 끄덕였습니다. 소리는 못 알아듣지만 말귀는 밝다는 듯이.

정말 장사가 짭짤했는지 구워 내놓은 붕어빵이 세 개밖에 없었습니다.

"아, 맛있겠다!"

보리 스님은 붕어빵의 꼬리지느러미 귀퉁이를 떼어냈습니다. 입에 넣고 아삭아삭 씹어 먹으며 빙그레 웃었습니다.

"고소하고 맛있어요."

스님의 말에 부인이 정말 알아들은 양 고개를 끄덕이며 마주 웃었습니다. 사실 그 정도 말은 입 모양을 보고 대충 알아챘습니다.

보리 스님은 오른손을 들어 손가락 다섯을 다 펴 보였습니다. 붕어빵 다섯 개를 달라는 뜻이었습니다. 부인이 다시 손가락 다섯을 펴 보이며, '다섯 개 드릴까요?'라고 물었습니다. 그렇게 다시 서로 확인이 되면, 붕어빵을 골라 종이 봉지에 담아 주는 것이었습니다.

그때 한 아주머니가 비닐 문을 아무렇게나 들추며 들어왔습니다. 그리고 툭 불거진 붕어눈으로 가게 안을 두리번거렸습니다.

장애인 부부가 조용히 웃으며 손님을 맞았습니다.

보리 스님은 한쪽으로 비켜서며 자리를 내주었습니다. 그리고는 비닐 바람막이 밖의 뿌연 거리를 바라보고 있습니다.

"노인네가 뭐 맛있다고 붕어빵을 찾는지……."

혼자 투덜거리고 난 아주머니가 아내 쪽을 보며 물었습니다.

"값은 얼마예요?"

"……?"

아주머니의 입을 보고 짐작한 아내가 천 원짜리 돈을 들어 보인 뒤 손가락 셋을 폈습니다. 아주머니는 그제야 이들 부부가 말을 못 듣고 못하는 줄을 알아챘습니다.

"천 원에 세 개라고!"

그녀는 보일 듯 말 듯하게 눈살을 찌푸리고 나서, 손가락 다섯을 펴 보였습니다. 그러고는 다시 확인하려는 듯이 또 거푸 손가락 다섯을 펴 보였습니다.

눈을 끔벅이던 아내가 팔꿈치로 남편의 옆구리를 쿡 찔렀습니다. 남편도 헷갈리는 듯 고개를 갸웃거렸습니다.

아내가 겸연쩍은 웃음을 머금으며, 아주머니를 향해 다시 손가락 다섯을 펴 보였습니다.

그러자 아주머니는 손을 아내의 눈앞에 쑥 내밀더니, 몇 차례 거푸 폈다 오므렸다 했습니다. 이처럼 손가락을 네댓 차례 거푸 거푸 빠르게 폈다 오므렸다 하면, 그들은 열 번으로 쳤습니다.

눈이 휘둥그레진 아내가 왼손에 들었던 빵 주걱을 내려놓았습니다. 그러더니, 손가락 다섯을 편 왼손을 들고는 오른손으로 그 옆에 동그라미를 그렸습니다.

'50개나요?'

'오냐, 5천 원이다. 횡재지?'

아주머니는 픽 비웃음을 흘렸습니다.

듣지 못하는 이들 부부에게 상대의 웃음은 모두 '좋다', '그렇다'의 뜻이었지요.

서로 소통이 어긋난 줄을 모르고 아내는 그만 신이 났습니다.

남편한테 손가락 다섯을 편 왼손을 돌려대고 그 옆에 동그라미를 그려 보였습니다. 남편도 눈을 동그랗게 뜨며, 입까지 딱 벌렸습니다.

아내가 아직 밖을 내다보고 있는 보리 스님의 옷자락을 살짝 당겼습니다. 보리 스님이 돌아보자, 미안한 표정을 지으며 눈으로 아주머니를 가리켰습니다. 붕어빵을 저 손님에게 먼저 주면 안 되겠느냐고 묻는 것이었습니다.

"아, 그럼. 괜찮고 말고요."

보리 스님은 고개를 끄덕이며 먼저 주라고 손짓을 보냈습니다.

부부의 손길이 바빠졌습니다. 하지만 마음만 분주했지, 붕어빵이 제대로 익을 때까지 걸리는 시간을 줄일 수는 없었습니다. 빵틀에서 한꺼번에 구울 수 있는 것도 기껏 열 개 안팎에 지나지 않았고요.

말 못하는 두 내외, 관심을 밖으로 보낸 스님, 입을 쑥 내민 아주머니뿐인 붕어빵집 안은 마치 물 속처럼 고요했습니다. 붕어빵 거푸집을 뒤집는 달그락거림이 오히려 그 고요를 확인시켜주었습니다.

노릇노릇 잘 익은 붕어빵 여남은 개가 쌓였을 무렵이었습니다.

팔짱을 낀 채 눈알을 이리저리 굴리던 아주머니가 혼잣말로 중얼거렸습니다.

"빨리 안 주고 뭐 하는 짓이야. 어, 저 버스를 타야 하는데……."

그러나 붕어빵을 굽는 데 정신을 쏟고 있는 그들 부부는 아무 눈치도 차리지 못했습니다.

보리 스님은 이상하다고 생각하면서도 그냥 지켜보았습니다. 뭐라고 끼어들 분위기가 아니었거든요.

"나 참, 재수가 없으려니까!"

아주머니는 구워놓은 붕어빵과 부부를 곁눈질했습니다. 거친 숨을 내쉬더니, 휭허케 나가버렸습니다.

그제야 보리 스님은 아주머니가 착각하고 있었다는 것을 알아챘습니다. 지금 굽고 있는 붕어빵은 미리 주문한 보리 스님의 몫으로 알고 있었던가 봅니다. 자기 차례가 되려면 아직도 한참 더 기다려야 하는 줄 알고 가버린 게 분명했습니다.

그에 앞서 애초부터 장애인 부부도 착각을 했고요. 아주머니는 5천 원어치를 사겠다고 다섯 손가락을 펴 보인 것인데, 붕어빵을

50개 달라는 줄로 잘못 알아들었으니까요.

일이 이렇게 꼬였으니, 아주머니가 끝까지 기다려도 결국은 말썽이 날 게 뻔했습니다. 보리 스님은 차라리 잘됐다고 여기며 기다리고 있었습니다.

얼마 후, 붕어눈 아주머니가 안 보이자, 부부는 어리둥절해서 두리번거렸습니다. 아주머니가 가버린 것을 안 부부의 얼굴에 슬픈 빛이 어렸습니다.

하지만 그들은 애써 밝은 표정으로 바꾸고서 스님을 돌아보았습니다.

새삼스레 확인하려는 듯 아내가 손가락 다섯을 펴 보였습니다.

'스님, 다섯 개?'

보리 스님은 고개를 저었습니다. 그러자 아내는 눈을 더 크게 뜨며 바라보았습니다. 보리 스님은 늘 붕어빵 다섯 개를 사고는 2천 원을 내고 갔던 것을 기억하고 있었으니까요.

보리 스님은 먼저 다섯 손가락을 편 오른손을 들어 보였습니다. 그 엄지손가락 옆에다 붕어 입처럼 동그랗게 벌린 입을 가져다 붙였습니다. 그러고는 조금 틈을 두고, 역시 오른손 집게손가락으로 '+'를 그린 다음에 그 손의 손가락을 한꺼번에 폈습니다. 그런 손짓에 잿빛 장갑을 낀 손이 썩 잘 어울렸습니다.

처음엔 어리둥절해하던 그들 부부의 눈이 등잔불만큼 커졌습니다. 아내가 손가락으로 허공에다 숫자 '5'를 두 번 그렸습니다.

'쉰다섯 개나?'

보리 스님은 고개를 크게 끄덕였습니다.

이번에는 남편이 손가락을 죄다 편 두 손을 들어 보였습니다. 아내도 따라 두 손을 들며 보리 스님을 바라보았습니다.

얼굴에 잔잔한 웃음을 띤 보리 스님은 두 손을 앞으로 모으며 합장했습니다.

그러자 그들 부부는 다섯 손가락을 편 두 손을 '짝짝' 부딪치며 기뻐했습니다.

잠시 후, 보리 스님은 큰 종이 봉지 둘을 포개서 가슴에 안은 채 붕어빵 가게를 나왔습니다. 등 뒤에서 장애인 부부는 두 손을 모아 서툴게 합장했습니다.

머리 위로는 싸락눈이 떨어지고 있었지만 붕어빵이 따뜻하게 가슴을 데워주었습니다.

"이 많은 붕어빵을 어떻게 하나?"

보리 스님은 거리를 걸으며 사방을 살폈습니다. 아이들이 집에 돌아간 지 오랜 듯 학교 앞도 조용했습니다.

그때, 아이들이 재잘거리는 소리가 들렸습니다. 종탑이 세워진 5층 건물의 맨 위층에서 나는 소리였습니다. 유리창의 칸칸에 '승리교회'라는 글씨가 한 자씩 붙어 있었습니다.

잠시 눈을 감고 생각하던 보리 스님은 그 건물로 갔습니다. 천천히 계단을 오르는데, 위층으로 다가갈수록 아이들의 목소리가 더 커졌습니다.

아이들은 크리스마스를 앞두고 성탄 축하 준비를 하고 있는 모양이었습니다.

이제 더 올라갈 계단이 없었습니다. 보리 스님은 드디어 꼭대기 층 문 앞에 섰습니다. 숨을 한 번 크게 들이쉰 뒤 문을 밀고 들어갔습니다.

때마침 연습을 잠시 멈추고 쉬는 중이었나 봅니다.

끼리끼리 모여 있던 여남은 아이들의 눈길이 보리 스님에게 쏠렸습니다. 삽시간에 아이들이 술렁거렸습니다. 아니, 그곳 사람들의 마음이 술렁였고, 교회 안엔 정적이 감돌았습니다.

보리 스님은 조용히 합장했습니다.

"붕어빵이 좀 생겨서요……. 식기 전에 아이들에게 나눠주고 싶어서 왔어요."

그 순간, 아이들한테서 탄성이 터져나왔습니다.

"와! 와와!"

보리 스님은 맨 먼저 달려온 아이한테 붕어빵 봉지를 넘겨주었습니다.

저쪽에서, 전도사인지 주일학교 교사인지 모르지만 아주 난처한 표정으로 서 있는 어른 몇이 보였습니다. 보리 스님은 그쪽을 향해 다시 합장을 하고는 돌아섰습니다.

계단을 내려오는데, 아이들의 맑은 함성이 점점 더 크게 들렸습니다.

그 함성에서 붕어빵의 구수하고 달큼한 냄새가 풍겼습니다.

넌 뭘 잘하니?

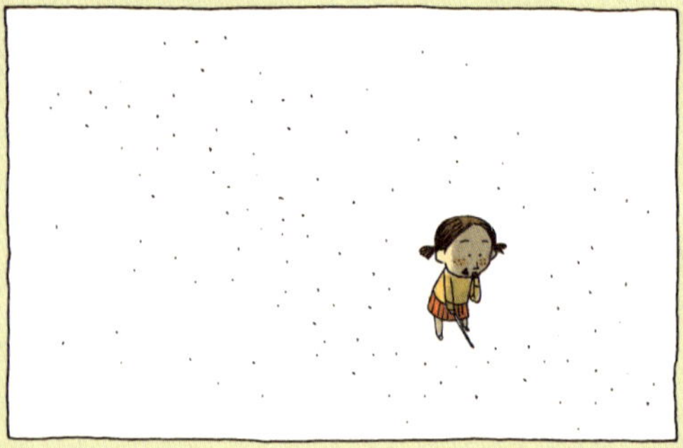

세상에서 만난
모든 것으로부터
무언가 찾아
배울 수 있는 사람은
이 세상에서
가장 현명한 사람이다

–《탈무드》중

넌 정말 특별한 눈을 가졌어.
다른 사람이 잘하는 것을 볼 줄 아는 게 어디 예사 눈이니?

넌 뭘 잘하니?

학교에서 돌아온 종지는 마치 제 자랑인 양 종알거렸습니다.

"엄마! 우리 반에 빨간 치마 입은 여자아이가 있는데, 노래를 되게 잘해."

그런 종지에게 엄마가 물었습니다.

"얼마나 잘하는데?"

"그 아이가 노래를 부르면, 손뼉을 안 치는 아이가 없어."

"정말 잘하는 모양이구나."

이렇게 말하며, 엄마는 힘없이 고개를 돌렸습니다.

마침 회사에서 돌아온 고모가 종지와 엄마 사이에 끼어들었습니다.

"종지야, 무슨 일이니?"

"아, 이제 생각났어. 이름이 은희야. 노래 잘 부르는 아이의……."

종지는 엄마와 하던 이야기를 마저 하고 나서, 고모를 돌아보았습니다.

"어제는 책 잘 읽는 친구가 있다고 했잖아?"

"응, 있어. 걔는 아직 안 배운 곳도 다 읽어."

고모는 뭐라고 말하려다가 눈치를 살폈습니다. 그러다가는 쥐어박는지 쓰다듬는지 모르게, 손으로 종지 머리를 건드리고는 방으로 들어가 버렸습니다.

엄마의 눈에는 안쓰러움이 가득 고여 있었습니다. 그래서 종지를 똑바로 보지 못했습니다.

종지는 왜 엄마가 그런 얼굴빛을 보이는지 알 수 없었습니다. 아마도 은희가 얼마나 노래를 잘 부르는지, 그 아이가 얼마나 책을 잘 읽는지 모르는 모양이라고 여길 뿐이었지요.

그날, 모처럼 아빠가 일찍 퇴근했습니다. 종지는 아빠가 편안

한 옷으로 갈아입기를 기다렸습니다. 뒤에서 두 팔로 아빠의 목을 감으며 매달렸습니다.

"아빠, 내 친구는 숫자를 다 알아. 벌써 덧셈도 잘해."

"너도 숫자 썼어?"

"아니. 다른 애들이 숫자 공부할 때 난 그림을 그렸어."

"뭐, 그림을?"

"응. 선생님께서 그래도 좋다고 했어. 그림 그리는 게 재미있으면……."

아빠는 가늘게 한숨을 쉬셨습니다. 그러자 갑자기 아빠의 등이 불편하게 느껴졌습니다. 종지는 슬그머니 팔을 풀고 미끄러지듯 등에서 내려왔습니다.

종지가 학교에 입학하는 날에는 온 가족이 축하해주었습니다.

그날, 공부가 어떤 맛인지를 알려주는 잔치가 열렸습니다.

아빠는 아이스크림을 사와서 먹여주었습니다. 공부를 잘하면 아이스크림처럼 달콤한 칭찬을 받을 수 있답니다. 엄마는 케이크에 촛불을 켜며 어려운 말을 했습니다. 책 속에서 빵처럼 넉넉한 재물과 앞날을 밝힐 빛을 얻을 수 있다나요. 고모는 맛있는 포도 잼을 한 통 사왔습니다. 그 잼을 과자에 발라서 주며, '공부는 바로 인생에 잼을 바르는 거야.'라고 했습니다. 오빠는 사탕을 주었고요.

그런데 할머니는 당근을 깎아 주었습니다. 꼭꼭 씹어 먹어야 참 맛을 느낄 수 있다고 하시면서요.

하지만, 종지는 아직 공부의 맛을 알지 못했습니다. 다만 다른 아이들보다 앞서지 못한다는 것만은 분명히 알고 있었습니다. 입학한 지 두 달 세 달이 지날수록 가족들은 은근히 걱정스런 눈으로 종지를 바라보았습니다.

그날도 종지가 오빠한테 자랑했습니다. 물론 제 자랑이 아니고 남의 자랑을 늘어놓았습니다.

"오빠, 내 짝꿍은 받아쓰기 엄청 잘해. 오늘 100점 받았어."

"넌 몇 점이야?"

종지는 가방에서 받아쓰기 시험지를 꺼내 오빠한테 내밀었습니다.

그것을 받아본 오빠는 주먹으로 종지 머리를 콩 때렸습니다. 종지는 두 손으로 얼른 머리를 감싸며 혀를 쏙 내밀었습니다. 그 시험지에는 열 문제가 나와 있는데, 동그라미가 그려진 게 둘뿐이었습니다. 그 시험지 때문에 온 집안 식구들이 속상해했습니다.

엄마도 도저히 더 참을 수 없었던지 이렇게 물었습니다.

"네 시험지를 보고 선생님께서 뭐라 하셨어?"

"그냥 내 머리를 쓰다듬어주셨어."

"다른 애들은?"

"웃었지."

사과를 깎던 엄마는 그만 칼이 비끗하는 바람에 손가락을 베었습니다. 아빠는 아까부터 과일은 거들떠보지도 않고 입을 꾹 다물고 있었고요.

"100점 받은 아이들이 더 있지?"

고모가 한마디 거들었습니다.

"응. 우리 반에 공부 잘하는 아이들이 참 많아."

종지는 제 일인 양 마냥 신이 나서 대답했습니다. 그 말에 그만 화가 난 고모가 윽박지르듯 물었습니다.

"도대체 넌 뭘 잘하니?"

"나? 몰……라……."

그때, 할머니가 슬그머니 일어났습니다. 종지의 손을 잡고는 밖으로 나왔습니다. 어느새 주위는 캄캄했습니다. 하늘에는 별들이 푸뜩푸뜩 얼굴을 내밀고 있었습니다.

종지는 할머니가 끄는 대로 공원으로 따라갔습니다. 풀밭에 앉았습니다. 싱그러운 풀 냄새가 물씬 풍겼습니다. 할머니는 종지의 등을 쓰다듬어주었습니다.

어느새 하늘에는 수많은 별들이 반짝이고 있었습니다.

"일찍 뜨는 별도 있고, 늦게 뜨는 별도 있지. 공부도 마찬가지란다. 일찍 깨치는 사람도 있고, 좀 늦는 사람도 있는 법이야. 종지야, 걱정할 것 없어."

"할머니, 나 걱정 안 해."

"그래, 그래. 우리 종지 장하다. 저 별들을 봐라. 큰 별도 있고, 작은 별도 있지. 그래서 더 아름답게 보이는 거야. 제 깜냥대로 반짝이면 된단다."

"난 작은 별이 더 좋아."

할머니는 그런 종지를 꼭 안으며 혼잣말로 중얼거렸습니다.

"넌 정말 특별한 눈을 가졌어. 다른 사람이 잘하는 것을 볼 줄 아는 게 어디 예사 눈이니!"

"지금 노래했어, 할머니? 난 어려운 말은 못 알아들어."

"오냐, 괜찮다. 못 알아들어도……."

며칠 뒤, 토요일이었어요. 아빠도, 고모도 일찍 집에 왔습니다. 오빠가 온 지도 한참 되었는데 종지만 아직 학교에서 돌아오지 않았습니다. 모두들 은근히 걱정하고 있었습니다.

그때서야 종지가 돌아왔습니다. 뭔가 좋은 일이 있는지 실내화 주머니를 빙빙 돌리고, 펄쩍펄쩍 뛰며 왔습니다. 온 가족이 다 모여 있는 것을 보고, 마침 잘됐다는 표정이었습니다.

"엄마, 아빠! 할머니, 고모, 오빠!"

제 눈에 띄는 차례대로 가족을 불렀습니다.

모두들 또 무슨 일이냐는 듯이 바라보고 있는 가운데서, 오빠가 핀잔 투로 물었습니다.

"왜? 또 누가 뭘 잘했니?"

"응! 오늘은 내가 잘했어. 내가 잘하는 걸 알았어."

"뭔데?"

모두 벌떡 일어서며 똑같이 물었습니다.

"사랑을 잘한대, 나는……. 선생님께서 그러셨어."

HWAN

교실에 조그만 화분이 하나 있었습니다. 거기 바짝 마른 흙에서 새 잎이 좁고 길게 자랐습니다.

다른 아이들은 아무도 거들떠보지도 않았지만, 종지는 아침마다 양지 쪽으로 화분을 옮겨 햇볕을 쬐게 했습니다. 시들지 않게 가끔 물도 주었습니다.

그 잎사귀 사이에서 꽃줄기가 나오더니, 아 글쎄, 보랏빛 꽃을 피운 것이었습니다.

"각시붓꽃이구나!"

선생님은 그 꽃을 보고 감탄했습니다. 그제야 아이들도 눈을 동그랗게 뜨고 몰려들었습니다. 코를 발름거리며 향기를 맡는 아이도 있었습니다. 문득 선생님의 눈길이 그런 아이들 뒤쪽에서 혼자 미소 짓고 있는 종지에게 머물렀습니다.

선생님은 종지를 꽃 앞에 세워놓고, 100점 받은 아이보다 노래 잘하는 아이보다 더 큰 칭찬을 해주었습니다. 그러면서 종지한테 '사랑하는 마음이 많다'고 하셨다는 것이었습니다.

입때껏 각시붓꽃을 돌보는 종지를 눈여겨보아 온 선생님이었거든요.

가만히 듣고 있던 할머니가 종지를 덥석 안았습니다.

"사랑 잘하는 게 공부 잘하는 것보다 낫지. 암, 낫고말고. 사랑하지 않고서야 남이 잘하는 걸 볼 수 없지."

아빠가 할머니로부터 종지를 빼앗듯이 받아 번쩍 들어올렸습니다.

"우리 종지, 정말 장하구나!"

종지를 바라보는 다른 가족들의 눈은 새로움으로 반짝였습니다.

딸기잼

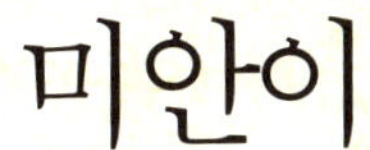
미안이

동물도

사람을 관찰하며 평가한다.

동물이 좋아하는 사람은

자연도,

사람도,

그를 좋아한다.

우연한 만남에도 깊은 뜻이 담겨 있다.

– 아메리카 인디언의 격언

누고는 꼬리를 살랑살랑 흔들었습니다.
미안하다는 말만 거듭하던 상리가 끝내 손등으로 눈물을 훔쳤습니다.

미안이

그 개의 본디 이름은 '누고'였습니다. 그런데 이름을 바꾸게 되었습니다. 사람들은 더러 '개명'이라 하여 이름을 고치기도 하지만, 개가 또 다른 이름을 갖는 일은 흔치 않을 겁니다.

하여튼 '누고'가 '미안이'로 바뀌게 된 사연을 한번 들어보시겠습니까?

상리네 집에 그 개가 왔을 적의 이야기부터 하는 게 바른 순서이겠군요.

어머니가 삽사리 한 마리를 친구한테서 얻어왔습니다. 이미 제

법 자란 중강아지였습니다.

그날 퇴근해 온 아버지는 개를 보자, 대뜸 '누고?'라고 물었습니다.

아버지가 고향 사투리로 이렇게 물을 적엔 그 억양에 따라 뜻이 상반되었습니다. 반가움을 나타내기도 하고, 못마땅해하는 짜증일 수도 있습니다. 하지만 이번엔 말투가 묘해서 어느 쪽인지 분명치 않았습니다. 또 개한테 "네가 누구냐?"고 물은 것인지, 아니면 개를 누가 데려왔느냐고 물은 말인지도 모를 정도로 아리송했고요.

하여튼 그 바람에 개의 이름은 '누고'가 되었습니다.

누고에 대한 가족들의 반응은 저마다 달랐습니다. 아버지는 애써 덤덤한 척했습니다. 어머니야 누고를 직접 데려왔으니 두말할 필요가 없었고, 1학년짜리 상미는 진작부터 강아지를 기르자고 조르던 터라 환성을 질렀습니다.

문제는 상리였습니다. 상리는 개라면 딱 질색이었으니까요.

학교에서 돌아온 상리는 누고를 보자, 거실에 들어서지 않고 머뭇거렸습니다. 그런 상리한테 누고는 쪼르르 달려와, 꼬리를 살랑살랑 흔들었습니다.

"엄마, 개 싫어!"

심상찮은 분위기에 누고가 멈칫했습니다. 상리를 다시 빤히 쳐다보며, 한껏 애교를 띤 목소리로 망망 짖었습니다. 그런 누고를 슬쩍 걷어차고 제 방으로 들어가 버리는 상리였습니다.

이때부터 상리와 누고 사이에 지루한 실랑이가 시작되었습니다. 누고는 무턱대고 상리를 졸졸 좇아다니려 하고, 상리는 어떻게든 누고를 떨쳐버리려고 옥신각신하는 것이었습니다. 참 보기 딱한 일이었습니다.

상미는 누고의 집을 거실에 두려 했지만, 상리가 부득부득 우겨 기어코 대문 옆 목련나무 아래로 쫓아냈습니다. 이 일로 상리와 상미는 며칠 동안 말도 하지 않았습니다.

이런 구박을 받으면서도 누고는 유독 상리한테만 꼬리를 흔들었습니다. 하지만 상리는 본체만체했습니다. 아니, 지긋지긋하다며 눈살을 찌푸렸습니다.

누고는 눈치가 없고, 상리는 인정이 없는 것 같았습니다.

그런 모습을 보며, 상미가 "오빤, 너무해."라고 쫑알거렸고요.

"두고 보렴. 저렇게나 귀엽게 구는데, 곧 좋아하게 될 거야."

어머니는 이렇게 희망을 걸고 있었습니다. 하지만 그 기대와 달리 이들의 관계가 좋아질 기미가 전혀 보이지 않았습니다.

그렇게 일방적으로 상리를 좇아다니면서, 상리만 안 보이면 왜 일을 저지르는지 참으로 알 수가 없었습니다. 이상하게도 누고가 하는 밉상인 짓은 죄다 상리와 관계되는 것이었습니다.

상리의 셔츠를 걸레 삼아 청소하듯 이 방 저 방 끌고 다니는가 하면, 책가방에 나뭇잎을 물어다 넣고, 또 그림물감을 방바닥에 온통 쏟아놓기도 했습니다.

하루는 누고가 상리의 일기장에 오줌을 찔끔해버렸습니다.

"지린내가 나는 걸 선생님 앞에 어떻게 내놓아요?"

상리가 정색을 하고 어머니에게 대들었습니다.

"얘가 왜 나한테 따지니? 내가 안 시켰다."

어머니는 겉으로 웃었지만 속으로는 난감했습니다.

어느 날, 상리는 누고가 보기 싫어 학원을 마치고도 곧장 집으로 가지 않았습니다. 한 친구와 놀이터에서 놀다가, 떡볶이를 사

먹고, 또 문방구 앞에서 게임도 하며 놀았습니다. 그 친구가 늦었다며 집에 가버린 뒤에도 상리는 혼자 이리저리 돌아다녔습니다.

그 사이에 집에서는 상리가 없어졌다고 야단이 났습니다. 여기저기 전화를 하고, 주변에 갈 만한 곳을 찾아보기도 했습니다. 어머니의 전화를 받고 부랴부랴 집으로 돌아온 아버지가 파출소에 신고까지 했으니까요.

시무룩해져 꼬리를 늘어뜨리고 있던 누고가 갑자기 코를 벌름거리며 대문 밖으로 뛰쳐나갔습니다. 어머니가 놀라 따라나갔고, 아버지도 웬일인가 해서 뒤쫓았습니다.

어둑어둑한 저쪽 골목 끝까지 간 누고가 좋아서 어쩔 줄 모르며 팔짝팔짝 뛰고 있었습니다. 그 뒤에서 상리가 누고를 일부러 외면하며 쭈뼛쭈뼛 걸어오고 있었습니다. 영화의 한 장면 같은 그 모습을 보자, 아버지와 어머니는 자신들도 모르게 손뼉을 쳤습니다.

아버지는 누고의 머리를 쓰다듬어주며, 상리에게 말했습니다.

"누고가 네 걱정 가장 많이 했어. 네가 오는 걸 맨 먼저 알았고."

그래도 상리는 누고를 한번 힐끔 보고 나서 제 방으로 들어가

버렸습니다.

결정적인 문제가 터진 것은 운동화 때문이었습니다.

체육 수업이 있는 날이었습니다. 상리는 아침에 일어나자마자, 신발장에서 운동화를 꺼내 현관 앞에 내놓았습니다. 저번에 운동화를 잊고 갔다가 선생님께 꾸중을 들었거든요.

가방을 챙겨들고 현관문을 나서던 상리가 버럭 소리쳤습니다.

"누고! 너, 정말 이럴 테야!"

그러더니 누고를 겨누고 책가방을 냅다 내던졌습니다. 그 가방에 정통으로 맞은 누고가 '깨갱깨갱' 울어대며, 제 집 안으로 얼른 피했습니다. 어머니가 무슨 일인가 하고 달려나왔습니다. 누고가 운동화 한 짝을 못 쓸 정도로 물어뜯어 놓았던 것이었습니다.

"체육이 셋째 시간이지? 내가 그 전에 새 운동화를 사 가지고 학교에 가마."

어머니는 이렇게 달래며 가방을 상리의 손에 쥐어주었습니다. 씩씩거리던 상리는 누고의 집을 발로 걷어차고는 대문을 나섰습니다.

운동화를 사 가지고 학교에 간 어머니에게 상리가 다짐을 받았습니다.

"누곤지 뭔지 있으면, 나 집에 안 들어갈 거야."

상리를 지그시 바라보던 어머니는 말없이 돌아서 갔습니다.

학교를 마치고 돌아오던 상리는 큰길 옆 공중전화에서 집으로 전화를 걸었습니다.

"엄마, 지금 집에 누고 없지?"

어머니 탓인 양 심술을 부렸던 게 마음에 걸렸으면서도 막상 말은 이렇게 비뚜로 나왔습니다. 그런데 뜻밖에도 어머니는 한숨부터 쉬었습니다. 그러더니 힘없는 목소리로 말했습니다.

"와서 보렴."

긴가민가하며 집에 가보니, 정말 누고가 보이지 않았습니다. 상리는 궁금했지만 애써 모르는 척했습니다. 나중에 알고 보니, 큰고모가 마침 서울에 왔던 길에 상리네 집에 들렀다가 누고의 사정을 듣고 데려간 모양이었습니다.

누고가 상리네 집에 온 것이 지난해 가을이었고, 떠난 게 올해 봄이었습니다.

HWAN

처음엔 상리도 어쩌다 가끔 누고 생각이 떠올랐습니다. 그렇지만, 가을로 접어들면서 까마득히 잊어버렸습니다.

그럴 즈음에 강원도 고성의 큰고모한테서 전화가 왔습니다.

"여름 방학 때 아이들 데리고 온다더니, 어찌 감감하냐?"

"어쩌다 보니 그렇게 됐어요. 요즘 아이들이 워낙 바빠서요."

아버지가 둘러대는 핑계를 들으며, 상미가 입을 삐죽였습니다. 사실은 아버지의 회사일 때문에 여름 휴가를 대충 때웠거든요.

"왜요? 무슨 일 있으세요?"

"동생 보고 싶은 일보다 더 큰일이 있냐? 또 너희들에게 보여줄 것도 있고……."

이렇게 해서 상리네 가족은 고모 댁에 가게 되었습니다.

고모는 그곳 산골 마을에서 혼자 살고 있었습니다. 고모부는 일찍 돌아가셨으며, 고종 형 둘은 서울에서 직장 생활하고, 고종 누나는 춘천으로 시집갔기 때문이었습니다.

아침 일찌 서울을 출발해서, 자동차로 쉬엄쉬엄 달려서 점심나절에 고모 댁에 도착했습니다. 맑은 물이 찰찰 흐르는 계곡을 건너면 나오는, 숲 속에 묻힌 마을이었습니다.

활짝 열려 있는 사립문 안으로 들어서며, 아버지가 소리쳤습니다.

"누님, 저희들 왔어요."

기다렸다는 듯이 방문이 열리며, 고모가 앞으로 엎어질 듯 급히 나왔습니다. 그러더니 고무신을 제대로 신지도 않고 질질 끌며 달려왔습니다.

바로 그때였습니다. 저쪽 뒤란에서 무엇인가가 뛰쳐나오더니, 고모를 앞질러 달려왔습니다.

"야, 누고다!"

상미가 먼저 알아보고 반겼습니다. 모두들 멈춰 섰습니다. 누고가 다가오면 쓰다듬어주려고 한결같이 손을 앞으로 내밀고 있었습니다.

그런데 누고는 상미를 지나쳤습니다. 어머니와 아버지도 지나쳤고요. 굳이 상리 앞에 오더니, 뱅글뱅글 돌다가 그만 뒤로 발랑 누워서 네 발을 지휘자의 손처럼 저어댔습니다. 이 세상에서 가장 기쁜 노래를 지휘하는 듯한 몸짓이었습니다.

"어……!"

처음에 머쓱해하던 상리도 차마 모르는 척할 수가 없었던가 봅니다. 무릎을 세운 채 쪼그려 앉아서 누고의 귓바퀴 언저리를 만져주었습니다. 누고는 그 손등을 마구 핥았습니다. 상리는 간지러움을 참느라 어깨를 움츠리며 빙그레 웃었습니다.

뒤에서 어깨 너머로 그 모습을 보며, 고모가 짐짓 서운한 척했습니다.

"쯧쯧, 저것 좀 봐. 하루 세 끼 꼬박꼬박 밥을 줘도 그 공도 모르는 녀석……."

말과는 달리 고모의 입가에는 흐뭇한 미소가 피어올랐습니다.

벌떡 일어난 누고는 꼬리를 상모 돌리듯 흔들어대더니 앞으로 펄쩍펄쩍 뛰어갔습니다. 연신 돌아보면서 고갯짓을 하는 게 따라오라는 시늉이었습니다.

무슨 일인가 하고 상리가 따라갔습니다. 다른 가족들은 두어 걸음 처져서 뒤따랐습니다. 누고가 간 곳은 뒤란에 있는 자기 집이었습니다. 놀랍게도 그 집에는 태어난 지 얼마 안 되는 강아지 다섯 마리가 까만 눈을 반짝이며 상리네 가족을 반겼습니다.

"세상에! 제 새끼 자랑하려고."

어머니가 놀라워했습니다. 누고는 다시 팔짝팔짝 뛰며 제 집 둘레를 돌더니, 다시 상리 앞에 넙죽 앉았습니다. 상리는 손으로 누고의 등을 쓰다듬어주었습니다.

"그것 봐라. 네가 저를 집에서 쫓아냈는데도, 누고는 이렇게 널 반기지 않니?"

어머니의 목소리는 나직했지만 그 말이 가슴 속속들이 파고들었습니다.

"정말 미안해. 미안하다. 미안, 미안, 미안……."

상리는 자꾸 미안하다는 말을 되풀이했습니다. 그럴 적마다 누고는 꼬리를 살랑살랑 흔들었습니다. 미안하다는 말을 거듭하던 상리는 끝내 손등으로 눈물을 훔쳤습니다.

이때부터 단박에 상리네 가족들은 그 삽살개를 '미안이'로 바꿔 부르게 되었답니다.

그날 고성에서 서울로 돌아오는 승용차 안에서였습니다.

아까부터 생각에 잠겼던 상리가 조심스레 물었습니다.

"엄마, 미안이를 데려올 수 없어요?"

어머니는 대답은 않고 미소만 지었습니다.

그러자 앞만 보며 운전하던 아버지가 대신 대답했습니다.

"안 되지. 누고는 우리 식구였지만, 미안이는 고모네 식구잖아."

"……."

상미가 뭐라 한마디 하려다가 오빠의 눈치를 살피며 그만두었습니다.

상리의 눈에는 개울까지 따라오며 멍멍 짖어대던 미안이가 선했습니다. 강아지 다섯 마리도 머릿속에서 꼬물거렸습니다.

그만 눈을 감았습니다. 그 눈에 또 눈물 한 방울이 맺혔습니다.

떨어져야 꽃이다

울기를 두려워하지 말라.

눈물은,

마음의 아픔을

씻어내는 힘이니.

– 호피 족의 격언

새로의 가슴에서 뜨거운 것이 뭉클했습니다.
여태 고였던 눈물을 비워낸 그 자리에
새로운 무엇이 찰랑찰랑 채워지고 있었습니다.

떨어져야 꽃이다

아버지는 따뜻하게 돌아가셨습니다.

새로가 마지막 잡은 아버지의 손은 늘 그랬듯이 따뜻했습니다.

그날, 아버지는 끊어질 듯한 숨을 안간힘으로 이어가며 딸을 기다리던 참이었습니다. 혼자 집을 지키던 새로는, 삼촌한테 끌려가다시피 해서 허둥지둥 병원으로 달려갔습니다.

새로를 보자, 아버지는 이불 속에서 손을 꺼내 내밀었습니다. 이전에도 딸이 오는 걸 알면 미리 이불 속에서 손을 데우며 기다리던 아버지였습니다.

새로는 앙상한 그 손을 조심스레 잡았습니다. 여느 날과 달리 아버지의 체온이 손에 다 몰려 있는 것 같았습니다. 손은 미지근한데 가슴에 와닿는 느낌은 뜨끔했습니다. 새로의 가슴이 쿵 하고 내려앉았습니다. 그 소리가 아버지 귀에까지 들렸을까 봐 얼른 눈치를 살폈습니다. 아버지의 얼굴엔 철 지난 풀꽃 같은 웃음이 머물고 있었습니다.

"아빠, 간다……. 너, 너, 조금만 울어라."

아버지의 손이 미끄러져 나갔습니다. 새로는 깜짝 놀라 놓친 손을 얼른 도로 붙잡았습니다.

새로의 무릎이 절로 푹 꺾였습니다. 병상 모서리를 두 팔꿈치로 짚으며, 아버지의 손을 뺨에 비볐습니다.

하지만 이미 아버지가 숨을 거둔 다음이었습니다. 그 먼 길을 그토록 순식간에 가버린다는 게 믿어지지 않았습니다.

얼마 후, 누군가가 새로한테서 아버지의 손을 빼내 이불 속으로 넣었습니다. 이어서 흰 천으로 발끝에서 머리끝까지 아버지를 덮어씌웠습니다.

새로의 눈에서 눈물 몇 방울이 떨어졌습니다.

그 순간에 세상이 하얗게 변했습니다. 곁에서 울던 사람들이 사라졌습니다. 어머니도, 의사 선생님도, 간호사도, 삼촌도, 다시 보니 아버지도 사라지고 없었습니다.

온통 하얀 공간만 새로 생겨나 있었습니다.

이 날부터 새로는 하얀 공간에 새 그림을 그리며 살아야 했습니다.

그렇게 그림을 그리는 게 생각보다 버거웠습니다.

맨 먼저 집 안의 그림이 새로 그려졌습니다.

며칠 넋을 놓고 지내던 어머니가 몸을 추스르고 일어나더니, 영 딴사람이 되었습니다. 느닷없이 집부터 팔았습니다. 그 돈으로 이태 남짓 동안 아버지의 폐암 치료로 쌓인 빚을 모두 갚았습니다. 그 다음에 한 일이 이사였고요. 전세로 들어간 변두리의 아파트는 전에 살던 집의 거실보다 좁았습니다.

이삿짐 정리도 채 마무리하지 못하고, 어머니는 일을 나갔습니다. 무슨 일을 하는지 몰라도 밤늦게 지쳐서 돌아오는 어머니한테서는 마늘과 간장 냄새가 났습니다.

어머니는 아침밥을 지어놓고 새벽에 집을 나섰습니다. 나중에 일어난 새로는 혼자서 밥을 먹어야 했습니다. 이때 왜 그리 목이 메는지 알 수 없었습니다. 한 벌의 수저만 놓인 식탁이 너무 싫었습니다. 그래서 새로는 아버지의 밥그릇과 수저를 마주 차려놓고 식사를 했습니다. 마치 소꿉놀이 같았고, 무슨 의식처럼 보이기도 했습니다.

이걸 어머니가 어떻게 알았는지 아버지의 물건들을 모두 감춰 버렸습니다.

시무룩해져 있는 딸을 달래며, 어머니는 이렇게 말했습니다.

"아버지 생각일랑 조금만 해라."

그 다음에 새로운 그림을 그려야 하는 곳은 학교라는 넓은 공간이었습니다. 친구들과 어울림도 다시 그려야 했고, 선생님과도 새 그림이 필요했습니다. 아버지가 안 계시는 것이 어찌 이런 데까지 영향을 미치는지 알 수 없는 노릇이었지만…….

집 안의 그림을 새로 그릴 적엔 붓을 어머니가 잡은 셈이었지요. 새로는 그냥 받아들이면 되었고, 내키지 않아도 모르는 척 그냥 따라가면 그만이었습니다. 하지만 집 밖의 일은 달랐습니다. 제 손에 붓을 잡고 하나하나 그려 나가고, 또 고쳐 그려야 했으니까요.

이것이 새로를 더욱 힘들게 했습니다.

미호가 생일 잔치에 초대하면서, 다른 친구들에겐 "너 꼭 와야 해."라고 말했습니다. 그러더니 유독 새로에게만 "너 괜찮겠니?" 라고 묻는 게 괜히 귀에 거슬렸습니다.

"나 안 괜찮아. 못 가."

이렇게 톡 쏘듯 대꾸하면서, 새로는 무척 쓸쓸했습니다.

종이꽃을 만드는 미술 시간이었습니다. 짝인 달구가 잘라낸 종이 부스러기를 일부러 새로 쪽으로 떨어뜨렸습니다. 처음엔 모르는 척했습니다. 또 떨어뜨리는 걸 새로가 주워서 치웠습니다. 그런데 이번에는 달구가 돌돌 만 종이 뭉치를 제 자리 아래로 떨어뜨리더니, 다시 발로 슬쩍 미는 것이었습니다.

"너, 왜 자투리 종이들 내 쪽으로 버리니?"

새로가 그 뭉치를 발로 쓱 밀어 달구한테로 되돌려보냈습니다.

"내가 언제? 네 거잖아."

얄밉게도 시치미를 떼며, 달구가 제 발로 막았습니다.

책상 밑에서 두 아이의 발이 쭈그러진 종이 뭉치를 사이에 두고 티격태격했습니다. 달구는 왼발 하나로 너끈히 막는데, 새로는 두 발로 겨우 버티는 꼴이었습니다.

마침 옆을 지나던 담임 선생님이 그것을 보고 말았습니다. 둘은 어찌할 바를 몰라 그냥 서로 버티고 있었습니다. 잠자코 바라보던 선생님이 한 말이 뜻밖이었습니다.

"새로야, 네가 양보해라."

그런 선생님을 새로가 핼금 돌아보았습니다. 그 눈빛을 선생님은 "제가 왜요?"라는 정도로 읽었을 테지요. 그러나 새로가 제 마음속으로 한 말은 달랐습니다.

'아버지 없는 아이는, 잘못이 없어도 양보해야 하나요?'

그런 되물음에 새로 자신도 의아했습니다. 입 밖으로 낸 말은 아니었지만, 그 경우에 왜 그런 반문이 떠올랐는지 알 수가 없었습니다. 하여튼 그날 내내 우울했습니다. 창밖으로 보이는 회색 하늘도 새로의 마음처럼 낮게 내려앉아 있었습니다.

웬일인지 새하얀 공간에는 그리고 싶지 않은 그림들로만 채워지고 있었습니다.

정말, 이 그림은 지워버리고 싶은 것입니다. 어쩌다 이 따위 그림을 그리게 되었는지, 생각할수록 속상했습니다.

일은 점심 시간에 식당에서 벌어졌습니다. 식판에 밥과 반찬과 국을 받아든 새로가 앉을 자리를 찾느라 쭉 훑어보았습니다. 앞줄에 달구와 창수가 앉았고, 그 뒷자리가 비어 있었습니다. 거기에 앉을 요량으로 새로가 그들 옆을 지나쳤습니다.

그 순간에 새로의 발끝이 창수의 발에 살짝 걸렸습니다. 식판에 가려진 탓에, 창수가 비딱한 자세로 통로에 내밀고 있는 다리를 보지 못했기 때문이었습니다. 조금 비틀하던 새로는 겨우 몸을 가누었습니다. 하지만 새로의 옆구리에 식탁이 부딪치면서, 창수의 식판이 밀쳐졌습니다. 국그릇이 미끄러지며 출렁하더니 국이 쏟아졌습니다.

놀란 창수가 벌떡 일어서며 소리쳤습니다.

"뭐야?"

"에구, 미안!"

엉거주춤하게 선 채로 새로는 어쩔 줄 몰라 했습니다.

그때 달구가 손가락으로 창수를 가리키며 낄낄거렸습니다.

"야, 네 고추 안 데었냐?"

그러고 보니, 쏟아진 국에 젖은 자국이 하필이면 사타구니 앞쪽에 얼룩져 있었습니다. 그것을 본 창수의 얼굴이 붉으락푸르락했습니다.

"가론지 세론지, 너……! 미안하다는 한마디만 하면 다야?"

제 잘못은 아예 티끌만큼도 없다는 투였습니다.

"정말 미안해. 어떡하지?"

"그걸 왜 나한테 물어? 네 아빠께 물어봐!"

느닷없는 말에 새로가 어리둥절해하는데, 달구가 또 얄밉게 끼어들었습니다.

"야, 걔는 아빠 없어."

그만 새로의 얼굴이 하얘졌습니다. 새로는 식판을 식탁 끝에 탁 올려놓았습니다. 그러고는 제 얼굴빛만큼이나 새하얀 눈길로 달구를 노려보았습니다.

말이 심했다 싶었던지 겸연쩍은 웃음을 지어 보이던 달구는, 그 눈길에 움찔했습니다. 그만 식탁 아래로 기어 들어가 숨는 시늉을 했습니다.

"……."

새로는 창밖으로 눈을 돌렸습니다. 아기 손바닥처럼 생긴 목련 잎이 무성했습니다. 아버지 장례를 치르고 난 뒤 학교에 온 날 하얀 꽃이 눈부셨던 목련이었습니다. 겨울을 잘 넘기고서 꽃 피는 봄에 돌아가신 아버지가 그리웠습니다.

가까운 자리의 아이 몇몇이 밥을 뜬 숟가락을 든 채 이쪽을 바라보았습니다. 새로의 숨소리가 조금 크게 들릴 뿐 주위는 조용했습니다.

달구는 그새 상황이 어떻게 돌아가는지 궁금했습니다. 위쪽을 살피려고 고개를 든다는 게 머리로 식탁 모서리를 쿵 들이받았습니다. 그 바람에 새로의 식판이 뒤집어지면서, 국그릇이 달구의 머리에 떨어졌습니다. 식당은 온통 수라장이 되었습니다.

이 소동이 자기와 아무 상관없다는 듯이 새로는 획 돌아섰습니다.

뒤이어, "아얏!" 하는 창수의 비명이 들렸습니다. 새로가 힐끔 돌아보니, 창수가 제 정강이를 두 손으로 싸잡은 채 오만상을 찌푸리고 있었습니다. 그 앞에 딱 버티고 선 여자아이가, 여태 통로로 뻗고 있는 창수의 다리를 걷어찬 모양이었습니다. 식사를 끝

내고 빈 식판을 들고 나오는 그 여자아이는 옆 반이 분명할 텐데 낯설었습니다.

새로는 곧장 교실로 가서 책가방을 챙겨들고 나왔습니다.

"새로야! 강새로……."

등 뒤에서 누군가가 불렀지만 새로는 못 들은 척하며 교문을 나섰습니다.

무작정 걸었습니다. 한참 그러다, 새로는 다리가 아파서 버스를 탔습니다. 공교롭게도 아버지가 다녔던 회사를 거쳐가는 버스였습니다. 내친김에 아버지가 다니던 회사를 찾아갔습니다.

1층 안내 자리 맞은편에 있는 의자에 가서 앉았습니다. 이곳에 오면 늘 앉아 아버지를 기다렸던 자리였습니다.

"아빠 만나러 왔니?"

제복을 입은 안내 아가씨가 물었습니다.

새로는 보일락 말락하게 고개를 끄덕였습니다. 왠지 얼굴이 화끈거렸습니다.

엘리베이터를 바라보았습니다. 문이 열릴 적마다 정말 아버지가 나올 것만 같아 절로 눈이 동그랗게 떠졌습니다. 어쩌면 하늘까지 이어진 엘리베이터를 타고 아버지가 나를 만나러 내려올지도 모른다는 상상을 했습니다.

한참 뒤에야 아버지의 옛 회사에서 나왔습니다. 지난날 아버지와 함께 가보았던 서점에도 들르고, 인형극 극장 앞에도 가보았습니다.

추억은 아련했지만, 따뜻하지는 않았습니다. 어디서도 아버지는 손을 내밀지 않았던 것입니다.

새로가 아파트 앞 정류소에 버스를 내린 것은 어둑어둑할 무렵이었습니다. 왠지 곧장 집에 들어가기 싫었습니다. 동네 공원으로 갔습니다. 그네에 앉아 하늘을 올려다보았습니다. 가로등 탓에 별빛이 희미했습니다. 그 별들을 보고 있으니, 자꾸만 눈물이 쏟아지려 했습니다.

"새로야, 조금만 울어라."

아버지의 목소리가 들리는 듯했습니다.

새로는 어금니를 꽉 깨물고 눈물을 참았습니다. 그래도 눈물 몇 방울이 볼을 타고 흘러내렸습니다. 이 정도 조금 우는 것은 아버지도 이해하시겠지요.

아까부터 도둑고양이가 다가와서 빤히 바라보는 게 싫었습니다. 나무들도 낮에 보는 것과 달리 좀 으스스했습니다. 그래서 일어섰습니다.

아파트 경비실 앞에 누가 서성이고 있었습니다. 어머니 같기도 했습니다. 하지만 아직 어머니가 돌아올 시간이 아니었습니다. 새로는 그냥 땅만 내려다보며 걸었습니다.

"새로니?"

뜻밖에 어머니였습니다. 새로는 달려가 어머니 품에 안겼습니다. 어머니는 말없이 새로의 등을 토닥토닥 두드려주었습니다.

"엄마, 웬일이야?"

"어, 오늘 일이 일찍 끝나서……. 그런데 너는?"

"나? 난, 엄마 오시나 해서 마중 나갔어."

"……."

어머니는 곁눈으로 새로의 오른손에 들린 가방을 보았습니다. 그러더니 말없이 새로의 왼손을 잡고 집으로 걸음을 옮겼습니다.

제 방에 들어간 새로는 옷을 입은 채로 이불을 뒤집어쓰고 누

HWAN

웠습니다. 온몸이 물에 젖은 솜처럼 무거웠지만 잠이 오지 않았습니다. 왈칵 눈물을 쏟으며 울고 싶었습니다. 그러나 눈물샘이 말라버렸는지 한 방울도 나오지 않았습니다.

선생님은 어제 일에 대해 아무 말도 없었습니다.

처음엔 의아하고 좀 불안했지만, 새로도 정말 별일 없었던 것처럼 시침을 뗐습니다.

아이들도 여느 때와 다름없이 대했습니다. 다만 달구만 슬금슬금 눈치를 보았습니다.

시간이 지날수록 새로는 외톨이가 된 기분이었습니다. 자신은 아주 작은 외딴 섬이었습니다. 둘레의 아이들은 섬을 에워싸고 무섭게 넘실대는 파도였습니다.

2교시 마치고 쉬는 시간이었습니다. 선생님이 새로를 부르더니 느닷없이 권했습니다.

"너 야생화 꽃밭을 좀 맡아라."

새로는 속으로 '그러면 그렇지!'라고 했습니다. 선생님이 어제 일에 대한 벌로 야생화 꽃밭의 관리를 짐 지우려 한다고 여겼던 것입니다. 어제 일을 모른 척한 것도 다 무슨 꿍꿍이속에서라고 단정했습니다.

'들꽃이 아니라, 잡초 선생이다.'

담임 선생님의 별명이 들꽃 선생님입니다. 일요일마다 곳곳을 찾아다니며 온갖 풀꽃을 구해와서 학교에 멋진 야생화 동산을 가꾸고 있었거든요. 수업만 끝나면 늘 그곳에서 지냈습니다. 누가 농담으로 "아이들은 언제 가르쳐요?"라고 물으면, "한 시간 공부하는 것보다 아이들한테는 야생화를 1초 보는 게 더 중요해요." 하고 대답하는 선생님이었습니다.

'차라리 따끔하게 혼낼 것이지! 아버지만 계셨어도, 나한테 이러진 않았을 거면서.'

생각이 여기에 미치자, 새로는 한마디로 딱 잘라 거절했습니다.

"안 해요!"

선생님은 "왜?"라고 묻듯이 눈을 치떴습니다.

"떨어지는 꽃잎을 보기 싫어서요."

새로는 선생님의 다음 말을 듣지도 않고 제 자리로 돌아가버렸습니다.

아까부터 아랫배가 살살 아픈 걸 새로는 참고 있었습니다. 그게 점점 더 심해졌습니다. 웬만하면 집에 돌아가서 화장실에 갈까 했는데, 그때까지 참기는 아무래도 어려울 것 같았습니다. 청소를 마치자마자 곧장 화장실로 갔습니다.

한참 앉아 있었는데, 오줌만 질금 나올 뿐이었습니다.

아이들이 거의 집으로 돌아간 뒤라 학교는 조용했습니다. 남자 화장실 쪽에서 오줌 누는 소리가 났습니다. 이어서 귀에 익은 목소리가 들렸습니다.

"최 선생님, 제가 부탁한 일……."

"아. 박 선생님! 며칠만 더 기다려주십시오."

박 선생님은 옆 학급 담임이고, 최 선생님은 들꽃 선생님입니다. 저쪽에서는 예사로 말하고 있을 테지만, 벽 이쪽에서 듣기엔 나직나직 속삭이는 것 같았습니다.

나갈까 하고 일어서려던 새로는 다시 쪼그려 앉았습니다. 새어 나오는 소리에 귀를 기울이기 시작했습니다.

"저번에 말씀드렸지만, 경미는 제 친구 딸입니다. 엄마가 돌아가신 뒤로 마음을 못 잡고 엇나가는 것 같아서, 걔 아빠의 걱정이 이만저만이 아니지요. 저를 믿고 이리로 전학시켰어요. 생전에 야생화를 좋아했던 엄마를 따라 경미는 철철이 산과 들을 찾아다녔대요…….”

문득 어제 식당에서 창수의 정강이를 걷어찼던 그 아이가 떠올랐습니다. 하지만 그 아이 생각은 접어두고, 귀를 쫑그려야 했습니다. 뜻밖에도 선생님이 자기의 이야기를 끄집어냈거든요.

“걱정 마세요. 새로는 심성이 곧고 고운 아입니다. 생각도 깊어요. 더욱이 새로 아버지가……. 둘이 같이 야생화 꽃밭을 돌보며 어울리게 할 테니 두고 보십시오.”

새로는 숨을 딱 멈췄습니다.

“언젠가 좀 추운 날이었어요. 1학년 아이가 넘어져 울고 있길래, 새로더러 교실까지 데려다주라 했지요. 그랬더니, 글쎄 제 손을 품속에 넣어 따뜻이 대운 다음에 그 아이의 손을 잡아 일으키는 거예요. 우리 새로는 그런 아이예요.”

새로는 저도 모르게 ‘아버지한테 배운 건데요, 뭐.’라고 속으로 중얼거렸습니다.

“목련꽃이 떨어질 때는 그 꽃잎을 밟지 않으려고 빙 둘러서 다니고요."

그 말을 듣는 순간에 왠지 갑자기 눈물이 주르륵 흘러나왔습니다.

'선생님도 참, 그건 또 언제 보셨지?'

이런 생각을 하는데, 눈물이 자꾸자꾸 쏟아져 주체할 수가 없었습니다. 그 눈물은 눈에서 나오는 게 아니라 가슴에서 솟는 듯했습니다. 얼마나 울었는지 모릅니다.

"아버…… 생님……."

새로의 입에서 이런 말이 새어나왔습니다. 새로 자신도 아버지를 불렀는지, 선생님을 불렀는지 몰랐습니다.

새로가 마음을 수습했을 때 선생님들은 언제 갔는지 밖이 조용했습니다.

한참이 더 지난 뒤, 새로가 일어서려는데 다시 오줌이 마려웠습니다. 이번에는 시원하게 쏟아냈습니다. 아랫배의 아픔이 씻은 듯 가셨습니다.

옷을 추스르던 새로는 깜짝 놀랐습니다. 변기 언저리에 붉은 꽃잎 몇 개가 떨어져 있었습니다. 다시 보니 그것은 핏방울이었습니다.

'내가……! 이게 바로 초경이라는 건가?'

새로의 가슴에서 뜨거운 것이 뭉클했습니다. 여태 고였던 눈물을 비워낸 그 자리에 새로운 무엇이 찰랑찰랑 채워지고 있었습니다. 가슴이 계속 두근거렸습니다.

밖으로 나오자 시원한 바람이 새로의 머리카락을 날렸습니다.

아직 눈물이 어린 눈으로 하늘을 쳐다보았습니다. 하늘은 더없이 맑고 푸르렀습니다.

새로는 화장실에서 쪼그리고 앉아 우는, 기찬 그림 한 장을 그렸습니다. 또 붉은 꽃잎 몇으로 된 신비로운 그림까지 그렸습니다. 이젠 무슨 그림이든 다 그릴 수 있을 것 같았습니다.

사방을 둘러보았습니다. 그러고 보니, 세상은 하얀 공간이 아니었습니다.

새로는 그 길로 야생화 동산으로 갔습니다. 그곳에는 은방울꽃 · 원추리 · 얼레지 · 둥굴레 · 메꽃 · 애기똥풀 들이 저마다 꽃을 피우고 있었습니다. 쑥 · 질경이 · 쇠비름 · 강아지풀이 자라고 있었고요. 옅은 향기가 코끝을 스쳤습니다.

선생님은 이들 야생초에 물을 주는 중이었습니다.

"들꽃 선생님!"

새로가 선생님을 불렀습니다. 허리를 편 선생님은 눈이 둥그레졌습니다. 밝게 웃는 새로를 오랜만에 보았거든요.

"너, 아직 집에 안 갔니?"

"야생초 밭을 돌보라고 하셔놓고선……."

선생님은 이마에 맺힌 땀방울을 손등으로 훔치며 말했습니다.

"떨어지는 꽃잎 때문에 싫다면서?"

"아뇨. 제가 잘못 생각했어요. 종이꽃은 꽃잎이 떨어지지 않잖아요. 그건 꽃이 아니죠. 떨어져야 꽃이지요."

웃음을 피워내는 새로의 입술은 어디선가 떨어져내린 꽃잎 같았습니다.

국립중앙도서관 출판예정도서목록(CIP)

떨어져야 꽃이다 / 글 : 김병규 ; 그림 : 황중환. — 고양 : 위즈덤하우스, 2012 p. ; cm

ISBN 978-89-5913-681-0 03810 : ₩12000

818-KDC5
895.785-DDC21 CIP2012001999

떨어져야 꽃이다

개정판 1쇄 발행 2012년 5월 10일 개정판 2쇄 발행 2015년 5월 30일

글 김병규 그림 황중환 펴낸이 연준혁

출판 5분사 분사장 배재성 편집장 윤지현
디자인 함지현 제작 이재승

펴낸곳 (주)위즈덤하우스 출판등록 2000년 5월 23일 제13-1071호
주소 (410-380) 경기도 고양시 일산동구 정발산로 43-20 센트럴프라자 6층
전화 (031)936-4000 팩스 (031)903-3895
홈페이지 www.wisdomhouse.co.kr 전자우편 scola@wisdomhouse.co.kr
종이 월드페이퍼 인쇄·제본 (주)현문

ISBN 978-89-5913-681-0 03810

• 이 책은《사람이 가장 아름답다》의 개정판입니다.